내 아픔 아시는 당신에게

내 아픔 아시는 당신에게

초판 1쇄 인쇄 2010년 04월 20일
초판 1쇄 발행 2010년 04월 25일

지은이 | 정상갑
펴낸이 | 손형국
펴낸곳 | (주)에세이퍼블리싱
출판등록 | 2004. 12. 1(제315-2008-022호)
주소 | 157-857 서울특별시 강서구 방화3동 822-1 화이트하우스 2층
홈페이지 | www.essay.co.kr
전화번호 | (02)3159-9638~40
팩스 | (02)3159-9637

ISBN 978-89-6023-360-7 03810

내 아픔 아시는 당신에게

정상갑 시집

| 머리말 |

사람은 누구나 자신만의 세계를 품고 삽니다.
지구본 안의 텅 빈 공간처럼 화려한 채색의 삶속엔
언제나 자신만의 텅 빈 고독이 있습니다.

무거운 삶의 무게에 숨이 가빠 올 때
우린 긴 아픔의 글을 쏟아냅니다.
그 글들을 모아 이제 함께 나누려 합니다.

언젠간 이 아름다운 세상과 사랑하는 사람들의 모습을
다시는 보지 못한다는 절박한 마음으로
한순간의 아픔도 그냥 보낼 수 없었습니다.

가족조차 그 아픔을 이해할 수 없는
녹내장 환우들의 아픔을 고스란히 담으며
그들과 함께 이 아픔을 나누려 합니다.

우리가 가진 소중한 것을 잃는 것에 대한 두려움은
비단 그들뿐 아니라 우리 모두에게 절망적인 일입니다.

길지 않은 생의 남은 자투리를 아쉬워하는 우리가 아니라
지금 받은 이 하루의 자락에 진정한 나를 그려봅니다.

언젠간 우리는 가고 기억도 갑니다.
소중한 사람의 기억 또한 소중합니다.

나의 사랑하는 딸 우림이에게
아빠도 한 인간으로 아파하며 사랑하며 살아온 모습을
남기고 싶습니다.

| 목 차 |

제2장 삶

제1장

사랑

가을 앓이

그토록 지루한 여름밤의 뜨거움은
마치 거짓말처럼 이불을 잡아당기게 한다.
또 세월은 가는가 보다.

우리가 밀어낸 그 숱한 시간들이
얼마나 소중한 것들인지
한참을 지나서야 깨닫는 우리지만
지금은 모른다.

숨 가쁘게 달려온 지난날들도
추억이란 이름으로 기억 속에 묻혀 버리고

지금 내 머리엔
내일에 대한 끊임없는 생각으로
조그만 쉴 자리도 없다.

이렇게 계절은 어김없이 오가건만
추억의 헛간은 차곡차곡 쌓여만 가건만
언제나 가슴은 텅 빈 공허뿐이다.

머리는 무겁고
가슴은 가볍다.
그래서 늘 넘어진다.

애써 걸어보려 하지만
모양새는 뒤뚱뒤뚱 우습기만 하다

찬바람과 함께 찾아드는
이 가을 들녘 색상은
또 한 번 빈 가슴을 헤집어 놓을 텐데

난 아무런 기력 없이
또 다시 가을 앓이를 해야만 한다.

가슴을 채우고 싶다.
그래서 뜨거운 마음으로
이 가을을 애타며 기다려보는
진한 설렘을 이제는 맛보고 싶다.

눈雪을 기다리며

무언가를 기다린다는 건
또는
누군가를 기다린다는 건

그 발자국 소리 만으로도
우린 이미 행복해지고 있나보다

어떠한 일도
그 누구도 찾아 올 일 없는 하루는
우리에게 무슨 의미가 있을까

무감각한 오늘보다
가슴 저미는 내일

빛바랜 연정에
핏빛 붉음을 더할
그날을 기다리는 설렘이 없다면
오늘 하루가 얼마나 건조할지

멍하니
창밖 하늘을 바라보며

산다는 건
기다리는 것이라는 생각을 해본다.

지나온 날들의 회한이
흙탕물이 맑게 가라앉듯
정갈하게 정화되길 기다리고

저 멀리
자신을 향해 달려오는
욕망의 거친 숨소리를 기다리며

언젠가 돌아갈
평안한 그 곳을
기다려 본다.

이렇게 맥없이
눈 내릴
하늘만 바라보고 있듯

우리의 기다림도
어디선가
그 어느 곳에선가

우리의 의지와는 상관없이
운명이라는 이름의 궤도 위로
지금 달려오고 있겠지.

달팽이 사랑

공허한 마음을 채우려
새벽 늦게까지 마음을 적셔줄 글을 찾는다.

달팽이 사랑
왠지 그 속에 내가 찾는 게 있을지 모른다는 기대감에
역시 많은 사람들이 함께 느끼는 시제詩題인 것 같다.

세상은 변한다.
그렇게 영원할 것 같은 산도 바위도
사람과의 관계도 의리도

그리고 영원할 것 같은 사랑도
결국은 변한다는 것을 새삼 다시 깨닫는다.

그 흐름 속에
변하지 않음을 고집하는 자신이
얼마나 우스운지 또한

달팽이 사랑이 아름다운 건
어둠 속에 빛이 더 밝음을 깨닫듯
우리가 얼마나 변함에 익숙해있는가를
일갈해주는 건 아닐까.

느리지만 온몸을 다해 갈 길을 가는 달팽이
무슨 업보인양
무거운 집을 등에 지고 그리도 가는지

어쩌면 결국 가야할 그 곳에
아무 것도 없음을 알기에
그렇게 미리 살아갈 집을 등에 지고 가는 건 아닌지

누굴 아프게 할 손톱도, 이빨도 없이
그저 힘겨운 껍질만 짊어진 채

온몸을 다해 힘든 길을
긴 자국을 내며 오늘도 가고 있는데

우린 왜 이리도 부질없이
삶의 애증에 갇혀 살아야하는지

우린 어느새, 매 순간보다
매일, 매달, 매분기, 매년에 익숙해져만 간다.

빠른 걸음은
길가의 화사한 꽃들을 결코 보지 못한다.

빠른 생각은 내 가슴 저 깊은 곳에서 신음하는
영혼의 갈급함을 미처 읽지 못한다.

빠른 관계는 사랑이 채 가슴에 와 닿기도 전에
먼저 미움에 눈을 뜨게 된다.

조금만 더 느리게
우리네 마음에 온전히 봄날의 따뜻한 햇볕이 스며들 수 있게
달팽이처럼
그렇게 여린 몸뚱이로 세상을, 세월을 기어가고 싶다

촉촉한 긴 삶의 자국을 남긴 채

마지막 5분

오래 전
미국의 한 방위산업체에서 일어난 일입니다.

조그만 아이가 정문을 통과하여
공장 안으로 들어가고 있었습니다.

경비는 정지를 명령하였지만
아이는 그냥 안으로 뛰어 들어갔습니다.

경비규정상 어쩔 수 없이
아이에게 총을 쏠 수밖에 없었습니다.

아이는 쓰러지고
총소리에 공장 사람들이 뛰쳐나왔습니다.

한 사람이
아이를 끌어안고 울고 있었습니다.
그 아이의 아버지였습니다.

아이 손에는 도시락이 들려 있었습니다.

아이 아버지는 말했습니다.

이 아인 듣지 못하는 아이입니다.
제 점심을 갖다 주려 왔을 뿐입니다.

저 역시 그 경비일지 모릅니다.
아니
우리 모두가 그 경비일지도 모릅니다.

혹여 제가 쏜 총탄에
상처받은 분이 있다면
이 시간 용서를 구합니다.

세상엔
우리가 만든 규칙은 있지만

사랑이 만든 아름다운 울타리는
보이질 않습니다.

만약
우리가 앞으로 5분밖에 살지 못한다면
우린 무엇부터 할까요?

911테러 때에도
그 순간 사람들이 한 행동은 단 하나였습니다.

사랑하는 사람들에게
진정 그들을 사랑했노라 말하는 것이었습니다.

말할 수 있을 때
사랑을 말하고

행할 수 있을 때
사랑을 행해야 합니다.

마지막 그날
사랑의 여력이 남음을
자랑하지 말고

지금 혼신을 다해
사랑을 표현해야 합니다.

어쩌면
다시는 그럴 기회가
없을지도 모르기 때문입니다.

믿음

우리가 누군가를 믿는다는 것
그리고
그 믿음에 실망한다는 것

과연 어디까지의 믿음을
믿음이라 할 수 있을까요

그 사람 자체를 믿는 건지
아니면
그 사람의 어떤 행위 또는 말을 믿는다는 건지

만약 그 사람의 나타나는 면만을 믿는다면
우리의 믿음엔
심각한 오류가 있을 수밖에 없습니다.

인간 내면엔
실로 여러 가지 형태의 인성들이 있습니다.

선과 악
진실과 거짓

그 어느 것 하나 치우침 없이
우린 고루 가지고 있는 좌절할 수밖에 없는 인간이니까요.

하지만 그 사람 자체를 믿는다는 건
이 모든 걸 초월할 수 있어야 합니다.

누구나 쓰러질 수도
어긋날 수도 있습니다.

다만 인간은 지적, 인격적인 가식으로
그 본성을 애써 누르고 있을 뿐입니다

정신분석학자 프로이트는
이를 포괄적으로 리비도라 부르기도 했습니다.

이탈리아의 대 화가 레오나르도 다빈치가 그린
최후의 만찬에서의 성스러운 예수의 모델과
참담한 배신의 인물인 가롯 유다의 모델이
같은 사람인 것만 보아도 우리 인간이 얼마나
양면성을 가진 존재인가 잘 알 수 있습니다.

어쩌면 인간을 믿는다는 건
이미 그 믿음에 대한 실망마저도
함께 믿는다는 의미가 포함되어 있는지도 모릅니다.

하지만
우리는 어떠합니까.

어느 틈엔가 나타난 우리의 또 다른 면에 의해
한 사람의 믿음은 여지없이 내팽개쳐지고
다시는 돌아올 수 없는
낙인을 찍어버리는 일이 허다합니다.

인간에게서
무엇을 바라는 건지요.

우린 사람, 그 자체를 믿어야 합니다.
그 속에 믿음과 배신과 희망과 실망이
함께 뒤섞여 있다 하더라도
그 모든 걸 품고 있는 그 사람 그 자체를 믿어야 합니다.

지금은 배신과 좌절을 주었지만
그 언젠간 진정한 믿음의 대가와 희망을 줄
그 가능성을 말입니다

누군가를 믿음으로 사랑했는지
아니면 사랑했기에 그를 믿는지.

믿음으로 사랑했다면
그 사랑은 조그만 돌부리에 걸리면 깨어지게 됩니다.

하지만
사랑했기에 믿음이 자라난 건
그 어떠한 시련이 오더라도 결코 그를 떠나지 않습니다.

진정한 사랑은
인간을 보지 않고
그 마음을 보기 때문입니다.

우린 사람을 믿기 이전에
사람을 사랑하는 법부터 배워야 합니다.

바람처럼

언제부터인가
바람이 참 좋다.

그저 당연히 불어오고
또 그렇게 존재해야만 하는 의무인 양
바람의 존재를
별 의미 없이 생각하며 살아왔는데 말이다.

하지만
그 바람은
이제 그 바람이 아니다.

보이지는 않지만
분명 느낄 수 있는

그래서 잡고 싶어도
손아귀를 미끄럽게 빠져나가 버리는 바람은
이제 내 운명의 분신인 양 새롭기만 하다

지난 40여 년간
난 나름대로 열심히 살아왔다.

때론 힘든 일도
때론 즐거운 일도

마치 계곡을 오르내리는
조그만 산 짐승처럼
부지런히도 헤집고 다닌 듯하다.

하지만
이제 산 정상에 서서
내려가야 할 아래를 보며
이렇게 두 팔 벌려 서 있다.

내 겨드랑이 사이로
홀연히 스쳐 지나가는 바람
단 한 순간도 같은 바람이 아니다.

시간을 타고 바람이 흐르는가
아니면
바람을 타고 시간은 흐르는가

우리네 인연도
단 한 순간도 같은 장면은 연출되지 않는 것

지나간 바람을 아쉬워하듯
그렇게 흘려버린 인연 또한 얼마이던가

이젠
다 추스르고 꼭 안고 싶다.

설령 손가락 사이로 빠져나가는 바람일지언정
잠시 머물렀던 훈기마저 사랑하고 싶다.

팔을 벌려
몸을 실으면 같이 날아갈 듯하다.

40의 고개를 넘으며
내게 남은 건
저 바람 같은 자유로움이다.

때론 잠잠하기도
때론 격노하기도
때론 회오리치며 한 곳을 배회하기도 하는
저 바람 속에 내가 있다.

어디에도 없고
어디에도 있다.

보이지 않음을 안타까워 말고
눈을 감고 느낄 수 있음을 감사하자.

지금도 바람은
내 겨드랑이 사이의 날개를 재촉한다.

이제 이 산은 다 올랐으니
그냥 마음껏 어디론가 날아가자고

굳이 힘든 하행 길을
걸어 내려가야 할 이유가 어디 있을까

난 바람이고
바람은 나이다.

비와 낙엽

회색빛 하늘
비오는 거리의 출근길

아스팔트라기보다는
호젓한 숲길이었습니다.

색 바랜 은행잎들이
마치 접착제로 붙여 놓은 듯
까만 아스팔트를 수놓고 있었답니다.

낙엽들
싱그런 초록의 추억을 뒤로 한 채
하나 둘
대지 위로 몸을 던지는 아픔

그러나
끝내 비우지 못한
기억의 파편을 간직하려는 듯

마지막까지
가지를 포기 못한 잎새들을
늦은 가을비가 도와주고 있나봅니다.

기억은 잔인합니다.
초록의 그늘을 노래하며 즐긴 우리들이지만

이젠 차창에 달라붙는 빛바랜 낙엽을
결코 고운 눈으로 보질 않으니까요.

언제나 한결같은 사랑으로
마지막까지 함께 아파하며
잡은 손 놓지 않는 우리가 되었으면 합니다.

빨간 구름을 지우며

하나 둘
자리매김 없이 떠나가는 인연들

오랜 장롱을 치우면
고스란히 남는 흔적처럼

그렇게 한참을
그 흔적과 함께 살아야 한다.

다른 가구로 그 자리를 채우려 해도
꼭 맞는걸 찾을 수 있을까

사람은 움직인다.
관계도 변한다.

그리고
마음은 바람처럼 흩날린다.
영원한 인연은 없다.

더 이상 잃을게 없는 사람은
아쉬움도 회한도 없다

난 무엇을 가졌기에
이리도 아쉬워하는가.

두 손은 분명 비어 있는데
잃을 게 분명 없는데

그런가 보다

아직도 내 가슴엔
마지막 남은 열정의 불씨가
꺼지지 않고 있나보다

오늘
난 인연의 강을 건넌다.

머리끝까지
온몸을 적시며 홍진을 씻겨낸다.
이젠 다 꺼졌으리라.

저 강 건너편엔
가슴 뚫린
내가 기다리고 있다.

그 구멍 난 가슴 속으로
세월의 사슬을 꿰어
무념無念의 벽에 걸어놓으리라

이제 다시는
비가 와도 창가를
서성거리지 않을 수 있을 게다.

이제 다시는
빨간 구름을 볼 수 없으리라.

이제 다시는
노래를 하지 않으리라.

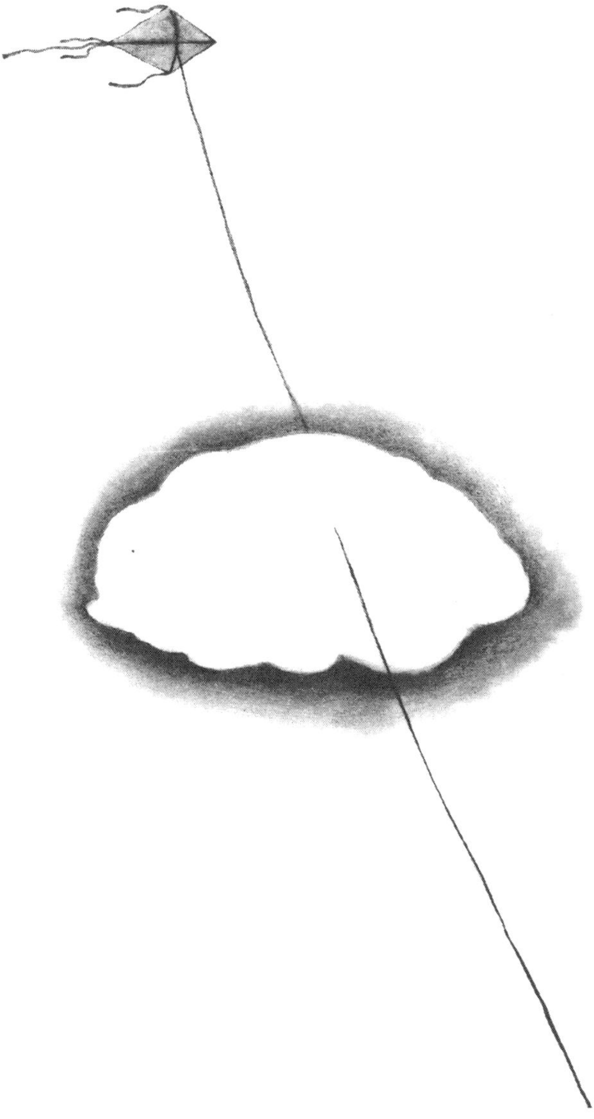

사람을 미워한다는 건

사람을 미워한다는 건
자신을 세상과 고립시키는 일이다

우리가 살아가며
누군가를 미워하지 않을 수는 없다

미움이 없다는 건
사랑이 없다는 말이기에

천사와 마귀는
원래 같은 뿌리에서 나온 것이다

천사가 타락하여
마귀가 된 것일 뿐

미움 또한
그 근원은 사랑이다

미움과 사랑은
동전의 앞뒤 면과 같은 것

한쪽 면만 있는 동전은
이미 그 가치를 상실한 것처럼

사랑만 있는 관계 또한
참다운 인연이라 말할 수 없다

우리가 던진 동전이
미움으로 떨어지든

아니면
사랑으로 떨어지든
그 결과는 우리의 몫이다

왜냐면
그 동전의 주체는
우리이기 때문이다

우리 가슴에 사랑을 품으면
우리네 시야는 좁아진다.

모든 사람에겐 관대하지만
사랑하는 사람에겐
사소한 것 하나까지
마음이 좁아지기 때문이다

미움은 홀로 만들어지는 게 아니라
사랑이 낳은 또 하나의 표현

누군가가 죽도록 미워질 때
우린
다시 한 번 생각해 보아야 한다

혹시 내 맘에
그를 죽도록 사랑하는 마음이 있는 건 아닌지

그래서 내 자신 스스로가
빗장을 걸어 잠그고
세상을 고립시키고 있는 건 아닌지

미움이 우릴 얽매어 올 때
우린 그 뒷면에 있는
사랑을 볼 줄 알아야 한다

사람을 사랑한다는 건

사람을 사랑한다는 건
한 우주를 향해
자신을 던지는 것이다

우주가 어둠 속에 갇혀있는 것은
빛을 반사해줄 벽이 없기 때문이다

우리에겐
우리를 반사해줄
그 누군가가 필요하다

넋 놓고 자신을 내려놓아도
언제나 따뜻하게 보듬어줄
그 누군가가 말이다

사랑은
자신을 비우는 것

내가 죽어
그가 살 수만 있다면

머리는
더 이상의 계산을 필요로 하지 않는다.

사랑은 전이轉移인 것이다

내 중심의 세계에서
사랑하는 사람에게로의 전이轉移

사랑이 깊어지면
결국 난 빈 껍질뿐

그래서
사랑을 하면 할수록
더 외로워지는 법이다

사랑엔 이유가 없다
그가 웃으면 나도 웃는다
그가 슬프면 나도 슬프다

왜 이냐고 묻기 이전에
그의 마음이 먼저 와 닿기 때문이다

어떠한 사랑이라도
그 사랑의 순수성만 잃지 않는다면
비난받을 사랑은 없다.

뒷모습 보이며 골목어귀 돌아가는
빛바랜 사랑일지라도

사랑함에 품은 그리움은
영원히 가슴에 살아 있는 것이다

사랑을 잉태한 자는
세상의 변수變數에 흔들리지 않는다.

왜냐면
내 속에 우주가 있기 때문이다

사람이 싫어질 때

사람마다 살아가는 기준이 같을 순 없다
서로의 바라보는 곳과 살아 온 배경이 달라
사람마다의 기호도 제각각일 수밖에 없음을

하지만
그 누구도 부인할 수 없는 선은 있는 것

적어도 나로 인해
다른 사람의 가슴에 상처를 주어선 안 된다는 선

그것 또한 쉬운 일은 아니리라
그 상처의 기준 역시 주관적일 수밖에 없는 것

오늘 난 또다시 상처를 받는다.
그냥 넘기기엔 너무나도 또렷이 가슴에 남을

사람이 싫어질 때
오늘이 그런 날인가 보다

주둥아리가 작은 큰 병 속의 물을
쏟아낼 때의 그 답답함

뭔가 세상을 향해 토해내고 싶은 건 많지만
언어의 작은 한계로 답답해지는 마음

지금까지 살아오며
참 많은 걸 버리고 포기하고 체념하고 살아왔지만

지금의 이런 심정은
아직도 내 속에 덜 버리고, 덜 포기하고
더 비우지 못함이 여전히 남아있기 때문이다

산다는 건
참 힘든 일이다

비움의 끝이 어디인지
다 비웠다 생각하면
어느새 다시 가득 차 있는 나

우리가 생각지 않은 아픔을 당할 때
그건 또 하나의 성숙을 가져다주는
또 다른 성장통은 아닐는지

사람이 아름답습니다

사람이 아름답습니다

그리고
그 사람이 사는
이 세상이 정말 아름답습니다.

돈과 명예와 시기와
암투만이 있는 암울한 세상인 것 같지만

가슴 적시는
아름다운 사람들도 있습니다

세상은
눈에 보이는 것만이 전부는 아닙니다

보이지는 않지만, 드러나지는 않지만
언제나 우리 주변엔
아름다운 삶의 교향곡이 흐르고 있습니다

우리네 마음 문이 닫혀 있기에
그 감동의 음파를 느끼지 못할 뿐입니다

메마른 우리네 가슴 한켠을
감동의 폭포수로 적셔오는
오직 인간만이 느낄 수 있는 그것

사랑
사랑이 있기 때문입니다.

내가 바뀌면
세상은 바뀝니다

내 마음에 비가 내리면
온 세상은 촉촉히 아름다운 초록빛 들판이 됩니다

사람이 좋습니다
세상이 참 좋습니다

사랑은 사랑은

사랑함에
준비할 것은 없다

사랑함에
지켜야할 규칙 또한 없는 것

사랑은
그저 사랑일 뿐

내 속에
또 하나의 그를 위한 자리 하나 비우는데
우린 너무나 많은 조건들을 생각한다.

사랑은
눈에 보이지만 보이지 않는다.

사랑은
보이지 않지만 없는 것 또한 아니다

사랑은
그저 사랑일 뿐

굳이 애쓰며 사랑이라 우기지 않아도
사랑은 사랑이다

어느 돌 틈새 비집고 들어온
흙덩이 잡초가 아니라면

아침햇살 피어오른 이슬처럼
훨훨 날아 가버린 사랑마저
회색빛 하늘에 묻어 둔 사랑이다

처음부터
빨간 구름은 없었나 보다

어쩌면 젊은 푸른 하늘에 찍었던
그 빨간 구름이
번져 흐른 건지도 모른다.

사랑
나도 이제 사랑을 모른다.

사랑은 동사이다

우연히 TV 연속극을 보게 되었습니다.
투명인간 최장수

연속극이라곤 사극밖에 보질 않지만
이 드라마를 보며 많은 생각에 잠겼습니다.
모처럼 제 눈은 젖었습니다.

감춰진 사랑
진정 사랑하는 사람을 위해
숨겨야 하는 더 큰 사랑 앞에 숙연해집니다.

그동안 살아오며
얼마나 많은 사랑을 자랑했는지

사랑은 명사가 아니라
동사라는 걸 이제야 알 것 같습니다.

우린 사랑이란 이름 앞에
떳떳이 내어 놓을 것이 무엇이 있는지

사랑은 자랑도 교만도 아니라 했건만
이 드라마를 보며
제 사랑이 얼마나 가식적이었는가를 되짚어 봅니다.

가끔 이렇듯
우리네 마음 한편을 시원히 적셔주는 감동이 있기에
세상은 아직 살 만한가 봅니다.

더운 여름
이 보다 더 뜨거운 가슴으로 사랑을 안아보렵니다

명사로 벽에 걸어둔 사랑이 아니라
삶에 실천으로 행하는
동사의 사랑으로 말입니다

드러내지 않은 진한 진국의 사랑
지친 열대야의 밤공기에
한줄기 시원한 바람이었습니다.

사랑은 변하지 않는다

세상의 인연은
다 같은 것일까

우리는 유한의 존재이다
삶, 그 자체가 한시성을 가진 것이기에
그 과정에서의 모든 인간관계에는
한계가 있을 뿐이다

그렇다면
인연의 완성은 어떠한 것일까

만남과 우리네 생명이 다하는 날까지
함께하는 것이 완전한 인연일까

만남은 있어도
함께하지 못하는 아픔의 만남은
그럼 불완전한 인연이란 말인가

철로 위에 놓인 열차처럼
멀어져 가는 인연을 뒤로한 채
궤도를 벗어날 수 없는 현실은
완전한 인연의 결과일까

아니면
그 정해진 운명에의 아픔일까

우리는 살아가며
많은 만남과 이별을 경험한다.

어떤 만남은
이미 헤어짐을 예감한 만남도 있다

하지만
우린 그 예감에도 불구하고
그 만남을 밀어내지 못한다.

메디슨 카운티 다리의 추억처럼
현실의 당위성에 사랑을 보내버렸지만
사랑은 간 것이 아니라
오히려 더 가슴 깊숙이 파고들었다

살아 이룰 수 없음을
죽음의 해방 앞에서
기꺼이 그 사랑을 부르게 된 것이다

사랑은 변하는 게 아니다
사랑은 사랑이다

때론
봄 처녀의 화사한 보조개처럼 해맑을 수 있고

때론
깊은 가을 잎새처럼 혼자만의 열병으로
붉디붉게 물들어
끝내는 땅으로 떨어져 버리는 낙엽이 될 수도 있다

하지만
그것 또한 사랑은 사랑이다

사랑은 잃는 법이 없다
다만 잊혀 갈 뿐

그 사랑 자체는
어떠한 형태로든 우리네 가슴 속 깊이 살아 존재한다.

그 숨겨진 사랑의 크기와 뜨거움에 따라
잊히기도
그리움에 몸부림치기도 한다.

맛있는 음식 좋은 곳
아름다운 음악을 들을 때
그때 가슴 속 깊은 곳에서 그 누군가가 떠오른다면
그 사랑은 아직도 여전히 살아 있는 것이다

꼭 이루어지는 인연만이
아름다운 것은 아니다

유한의 존재가
어우러지며 만든 짧은 인연 또한
우리에겐 소중한 것이다

그래서
보내지만, 보내지 않은
우리의 또 다른 사랑이 시작되는 것이다

사랑은 사랑만 보아야 한다

자신의 장애와
자신의 자존심으로 인해
사랑하는 사람을 보낸다는 생각

그건
보낼 만큼만 사랑한 것이다

그 사람을 위해
내가 아픔을 감수하고 보낸 것 같지만
실은 그 사람을 보내고도
내가 살아갈 수 있기에

그렇게 보내고
그 아픔을 즐기는 것이다

진정한 사랑은
그 사람을 보내면 내가 죽는다.

그 사람이 아니면
내가 없다

그 사람과 함께 하지 않으면
내가 살아 갈 아무런 의미가 없는 것이다
그 사람은
내 삶의 목적이기 때문이기에

그럼에도 그를 보낸다는 건
그건 사랑하지 않기에
그를 단지 밀어내는 것일 뿐이다

사랑보다
주위의 것이 더 크게 보일 때

그래서
그 주위 환경으로 인해 사랑이 위축될 때

그때는 이미
사랑의 본질을 잃어가고 있는 것이다

인간에겐 생명 본능이 있다
그러나
이 생명본능보다 더 강한 게
사랑하는 본능이다

우린 사랑하는 사람을 위해
대신 목숨을 던지는 이야기를 가끔 듣곤 한다.

사랑은 생명보다 더 위에 있는
우리가 어찌할 수 없는 곳에 있다

그를 놓아주고도
내가 살아갈 수 있다는 건
그건 사랑이 아니라는 말과 같다

다만
사랑하고 있다는 감정에
착각하고 있을 뿐

사랑의 확신
그건 어디에도 없다

지구가 우리 눈에 보이지 않듯
진정한 사랑에 대한 확신은
우리가 확인하기엔 너무나 큰 존재다

하지만
분명히 그 사랑에 대한 확신은 존재한다.
일생에 단 한번 뿐인 그 확신

그 확신은 이미 운명 속에
그 사람과 나를 하나로 만들어 놓은 것이다

세상에 사랑은 너무나 많다

그러나 지금 내가 하고 있는
이 사랑이 진정한 사랑인지

그를 위해 내가 죽을 수 있는 사랑인지
우리 다시 한 번 생각해 보아야 한다.

오염된 사랑은
상대를 힘들게 할 뿐
자신마저 아픔을 즐기는
왜곡된 감정으로 몰아간다.

사랑은
사랑만 보아야 한다.

여자는 머리로 사랑을 하고
남자는 가슴으로 사랑을 한다고 한다.

기억은 시간이 흐르면 사라지지만
가슴에 패인 상처는
영원히 남아 있는 것

조건과 이유가 있는 사랑은
그 상황이 변하면 사랑도 변한다.

영원히 변하지 않는 사랑은
그건 생명 같은 사랑이다

그를 보내면 내가 죽는
내가 죽기엔 그를 너무나 사랑하는
그래서 끝까지 함께 갈 수 밖에 없는 그런 사랑

그런 사랑을
우린 생명 같은 사랑이라고 한다.

사랑은
사랑만 보아야 한다.

산다는 건 그리고 그립다는 건

마음이란 무엇일까

찬바람 에이는 저녁
머문다는 것과, 흐른다는 것
무엇이 진실인지 혼돈되는 시간이다

살아가며 만나는 많은 사연들
그리고
많은 인연들

그 중
평생을 가져가야 할 내 것은 얼마나 될까

잡았다 싶으면
여느 바람에 흩어져 버리는 헛것이고

잃었다 싶으면
어느 문 틈새 비집고 들어오는 객客이라

마음을 비워버린 내일은
늦은 가을에도 끝내 돌아오지 않는다.

굳이 스치는 바람은
잡을 수 없는 것

손가락 사이로 빠져나가는 허황한 바람에
가슴은 찢어지건만

빈 손 허공을 저으며 허우적거려 보지만
손 안에 남는 건
결국 아무 것도 없음을

세상사가 내 마음은 아니라는 걸
그렇게 아파하며 배웠건만

또 다시
무릎 사이에 고개를 묻고
아픔을 쏟아내야 한다.

바보인가 보다

한참을 뛰다
왜 뛰는지 몰라 뒤돌아보는 노루처럼
난 바보인가 보다

이 밤
또 하나의 아픔으로
사랑을 잉태한다.

스쳐 지나는 눈 빛 하나로도
평생을 그리워할 수 있다 했건만
무엇이 더 아쉬워 살 내음을 원하는가.

묻어두자
평생을 간직할 사랑은
가슴이 아니라 심장에 묻는 법

심장이 박동 칠 때마다
핏빛 그리움은 뿜어져 나온다

사랑은 가도
그리움은 내 온몸과 영혼을 돌아다닌다.
영원히

사랑의 끝은 없습니다

뫼비우스의 띠

사랑이
그런 건 아닐까

앞면을 따라 가다 보면
어느새 뒷면을 가고 있는
자신을 발견한다.

평생을 함께한다는 건
어쩌면 허구처럼 들릴지 모른다.

하지만
그건 분명 존재하는 것

그런 만남
그런 사랑은
본질부터가 다르다

세상엔
사랑 같은 사랑이 참 많다

헤어져야 할 사람은
언젠간 헤어지게 되어 있고

꼭 만나야 할 사람은
언젠간
반드시 만나게 되어 있다

힘들지만
아픈 상처 잘 동여매고 기다려야 한다

언젠가 생명으로 다가올
아름다운 그 사랑을

상처

언젠가
이런 글귀를 읽은 적이 있다.

신께서 우리에게 상처를 보내는 것은
우리를 곤경에 빠뜨리려는 게 아니라
우리들 마음속에
새로운 희망을 불러일으키기 위함입니다.

상처가 다가오면 잘 다독거리고 안아 주십시오.
부디 그대의 가슴을 통과한 상처가
남에게 희망으로 다가서길 기원합니다.

오늘 아침
왠지 더욱 다가오는 말이다

누구나 상처를 받는다.
또한
누구에게나 상처를 주기도 한다.

생채기 난 상처는
때론 붉은 피를 흘리기도 한다.

언젠간

아물어 흔적만 남겠지만
그동안은 우린 한참을 아파해야 한다.

이 상처를 헤집고 더욱 화농되게 하는 건
바로 내 자신의 아집이다

상처 속에 드러난 빨간 속살은
내가 다시 부여안을 새로운 내 모습

아픔 속에서
우린 한층 더 해맑은 자신을 성장시킨다.

지금의 아픔을 잘 감싸고 부여안고
그리고 그 아픔을 통해
속살의 싱그러움 같은 자신을 다시 찾아야 한다

기나긴 어둠 없인
결코 여명의 새벽은 오지 않는다.

비록
받아들이기 힘들고
왜곡된 순간들일지라도
상처가 아물 땐 가려워지는 법

지금의 아픔을 통해
좀 더 잘 익은 우리가 되었으면 한다.

우츄프라 카치아

아프리카 세렝게티 평원에
우츄프라 카치아라는 식물이 있답니다.

햇빛이 잘 들어오지 않는
깊은 곳에 말입니다

이 식물은
사람의 손길이 닿으면
금세 시들어 죽고 만답니다.

너무나 외로워서일까요.

그러나
이 식물을
한 사람이 곁에 두고
매일같이 사랑의 손길로 만져주면
아주 싱싱하게 오래 오래 산답니다.

이 식물은
외로움에 익숙해 있었던 것입니다

식물도 사랑을 압니다.
관심과 애정만이
죽어가는 우츄프라 카치아를 살릴 수 있습니다

그냥 흘려버리는 눈길 중에
우리 인생에 다시 보지 못할
귀한 인연이 있었음을

우리 눈앞에 와 있지만
우리가 손 내밀지 않으면
그건 더 이상 인연이 아닙니다.

한번 손대면 죽는
우츄프라 카시아

그러나
그 손길이 머무르면 우츄프라 카시아는
힘차게 생기를 머금는답니다.

지금
그 손길이 필요한 때입니다

은미의 죽음

회사 부근에 브니엘이란
지체장애 어린이 시설이 있다

사실 요즘 바쁘다는 핑계로
자주 가질 못했었는데
얼마 전 세 살배기 은미가 숨졌다고 한다.

세살이었지만
몸집은 돌 지난 아이처럼
아주 조그만 아이였는데
다운증후군에 간질까지 있었던 가엾은 은미

찾아가면
언제나 제일 먼저
쪼르르 달려와 무릎 위에 앉던 아이

너무나 가벼워
한손 위에 올려놓곤 하였는데

마치 내 잘못으로 인해
그 조그만 은미가 죽었다는 생각을
내내 떨쳐 버릴 수 없다.

자주 찾아갈 걸
좀 더 가슴 따뜻하게 안아줄 걸.

은미는 없지만
내 가슴 속에서
내 부족한 사랑을 나무라고 있다

말로만 사랑을 노래한들 무엇 하나
향기 없는 꽃처럼
난 그렇게 입으로만 사랑을 노래하였나 보다

미안하다
은미야

이젠
아프지 않지?

죽을 만큼

어느 노래 가사 중에
죽을 만큼 보고 싶다는 구절이 있습니다.

죽을 만큼
그게 어느 정도인지.

하지만
그 의미는 알 것 같습니다.

그가 이미 내 우주가 되어 버리고
내 삶의 의미가 되어 버린다면

그가 없는 삶은
이미 더 살아야 할 아무런 이유가 없는
무의미한 시간의 연속일 뿐이겠죠.

사람들은 그럽니다.
죽을 것만 같은 그리움의 고통도
마치 바닷가 모래 위에 그린 하트처럼
시간이란 파도가 몇 번 휩쓸고 지나가면 다 잊어진다구요
맞는 말입니다

하지만
그렇지 않은 사랑도 있습니다.

한번 가슴에 새긴 사랑을
살아 숨 쉬어야 하는
유일한 이유로 살아가는 사람도 있습니다.

메릴 스트립과 크린트 이스트우드가 주연한
영화 메디슨 카운티의 다리 보셨겠죠?

목숨 같은 사랑은
영원히 지워지지 않습니다.

이룰 수 없는 사랑이라 할지라도
시간의 흐름에 엷어지는 게 아니라
처음엔 이룰 수 없기에 절규의 밤을 보내지만
시간이 지나면
어느덧 살아야 할 신앙으로 가슴 속에 굳어지기 시작한답니다.

그 사랑은
가슴 속에서 홀로 성장하기 시작합니다.

모든 구속과 현실로부터 벗어난
참 자유의 사랑을 만끽하게 됩니다.

물론 이룰 수 있는 사랑이라면
그 보다 더한 아름다운 사랑은 없겠죠.

죽을 것만 같은 그리움
그가 없다면
이미 살아있을 이유가 없어진 연인에겐
충분히 가능한 표현입니다

왜냐면
그가 있기에 내가 존재하는,
또한 내가 있기에 그가 존재하는
죽음의 벽을 넘어선 사랑이 있기 때문입니다

100년 인생의 울타리 안에선
많은 사랑이란 이름의 물결이 일렁입니다.

하지만 우린 알고 있습니다.
어느덧 스쳐 지나며 가슴 속 깊은 곳에
다시는 지울 수 없는 흔적을 남겨놓은 사랑을

우린 그 사랑의 탄식을
죽을 것만 같은 그리움이라 부릅니다.

죽음으로 이룬 사랑

사랑함에
아픈 이름들이 있습니다.

그리움에
놓아야 하는 조각들도 있습니다.

살아온 날들 속에
서늘한 가슴을 쓸어 내려야 할 만큼
서러운 이별도 있습니다.

그리고 끝내 잊지 못해
가슴 깊이 묻어 놓은 그 이별의 조각에
싹이 나고 꽃이 피는 날도 있습니다.

아름답게 소담스럽게 핀 그 꽃은
이미 나의 것이 아니기에
훔쳐보는 아픔으로 곁눈질만 해야 합니다

바보 같습니다.
인간의 기준은
때론 인간을 바보로 만들곤 합니다.

아니
차라리 백치이기를 간절히 원하게 만듭니다.

어쩌면 그러기에
이 사회가 안정되게 유지되는지도 모릅니다.

인간은 사회적 동물이라 했던가요.
왜 사회적 인간이라 하지 않았을까
생각해 보았습니다

사회적인 것과 인간
그 둘은 공존할 수 없기 때문입니다

인간에겐 한계란 없습니다.
인간에겐 그 어떠한 규정도
영원성을 갖질 못합니다.

인간에겐
사회가 어찌할 수 없는 인간의 사랑이 있습니다.

그 누구도 정죄할 수 없는
인간 고유의 여러 형태의 사랑 말입니다

하지만 사회는
획일적인 우리 속에 가두어 놓은 동물을 조련하듯

그리고 그 우리를 벗어나면
우린 반사회적이라 칭하며 그들을 벌합니다.

그래서 사회적이란 말과
인간이란 말을 동시에 사용할 수 없나 봅니다.

그렇게 살아야 하겠죠.
그래야 사는 것처럼 보이겠죠.

하지만
전 지금 죽어만 가고 있습니다.

그리움을 베개 삼아
날마다 우리 철장 곁에 누워
현실의 차가운 이슬 속에

그렇게
운명의 피를 토하며
싸늘하게 식어만 가고 있습니다.

그래야
사랑이 살 수 있기 때문입니다

제2장

삶

3월의 눈

3월의 눈
뜻하지 않은 순백의 손님에 생각이 많아진다.

갑작스러운 친구의 죽음이
하얀 눈발 속에 묻어나온다

한 순간 앞의 일을 우린 알지 못한다.
물론 알아서도 안 되겠지만

오늘 보았던 그리운 사람을
우린 내일 또 볼 수 있다는 확신은
어쩌면 간절한 바람의 환영인지도 모른다.

흐트러진 눈발이
이젠 소리를 내며 창가를 두드린다.

오지 않아야 할 3월의 눈에 대한
슬픈 사연을 알아달라는 듯

모든 일은 그렇게 시작되나 보다
원하여 일어나는 일보다
뜻하지 않은 일들의 방문

그로 인해 인생은
전혀 낯선 길로 접어든다.
가슴엔 또 하나의 생채기를 남기며 말이다

그게 인생인가
그래서 인생을 오래 살다보면
비집고 나온 생채기가 이마의 주름으로 남는가 보다

창가에 어린 하얀 서리에
'운명' 이라는 글자를 커다랗게 써 본다.

99냥의 불행

옛날
어느 왕의 이발사가 있었습니다.

그 이발사는 언제나 밝은 얼굴로
하루하루를 행복하게 살았습니다.

그리 풍족하진 않았지만 욕심 또한 없는
언제나 감사한 삶을 살았던 것입니다

왕은 그에게 말했습니다.
난 모든 걸 가졌는데도 늘 마음이 불안하고
평온하지 못한데
그대의 그 평온함이 부럽다고 말입니다

왕은 시종에게 늘 그 이발사를 칭찬하곤 했었습니다.

어느 날 시종은 왕에게 제안을 했습니다.
제가 그 이발사를 불행하게 만들어 보이겠다고요

왕이 그 방법을 묻자
그 시종은 미소를 지으며 이렇게 말했습니다.
제가 그 사람 집에 금화 99냥을 갖다 놓겠습니다.

왕은 이상하게 생각했습니다.
금화 99냥이면 꽤 많은 돈인데
오히려 더 행복해질 거라 생각했습니다.

그날 밤 시종은 이발사 몰래
그 집에 금화 99냥을 갖다 놓았습니다.

그 이후로 이발사는
정말 날로 얼굴이 초췌해갔습니다
급기야는 앓아눕기까지 했습니다.

왕은 이발사를 불러 자초지종을 들었습니다.
이발사는 근심어린 얼굴로 대답했습니다.

어느 날 집에 갑자기 금화 99냥이 생겼습니다.
처음엔 하늘이 내린 축복이라 생각하고 좋았는데
마지막 한 냥을 채워 100냥을 만들고 싶은 욕심에
잠도 제대로 못자고 밥도 제대로 먹질 못했답니다.

우리가 불행한 건
적게 가져서가 아니라
오히려 많이 가짐으로 오는 욕심 때문입니다

밑바닥에 가라앉으면 편안함을 느끼듯
더 이상 잃을 것 없는 삶은
오히려 찬란한 슬픔을 가져다줍니다.

행복과 불행은
동전의 앞뒤 면과 같습니다.

반반이면 우린 그저 그렇게 사는 게고
행복이든 불행이든
51:49일 때
우린 행복해지기도 하고 불행지기도 합니다

가을이 익어가는 이 밤
빈손의 아픔보다
빈 가슴의 허전함을 먼저 느끼는
이 밤 되었으면 합니다.

우리 모두의 마음엔
금화 99냥이 있습니다.

마지막 한 냥
채우시렵니까?

아니면
99냥의 넉넉함을
이웃과 함께 나누시렵니까.

행복과 불행은
모두 우리 마음 안에 있습니다.

전 행복해지고 싶습니다.

Everything is dust in the wind

Everything is dust in the wind
음률에 생각을 맡긴다.

먼지
그러고 보면 동양의 사상이나
서양의 사상이 비슷한 데가 있는 것 같다

동양에서도 세상 많은 근심과 걱정과
살아가는 잡다한 일들을
'홍진' 이라 하는 것을 보면 말이다

먼지는 먼지일 뿐인데
우린 왜 그리 그 불면 날아갈 먼지에
집착하며 살아가는지

하지만 바꿔 생각해보면
세상에 먼지가 없으면
빛의 굴절과 산란이 없어져
물체가 보이지 않게 된다.

아침 햇살 비끼면
그 동안 보이지 않던 먼지는 햇빛을 따라
춤추듯 너울거리는 자태를 드러낸다.

어쩌면 우리네 인생과 너무 흡사하지 않은가
그래서 아마 그런 가사를 만들었나 보다

요즘은
살아가며 하나씩 깨닫는 재미가 있다.

왜 먼지가 먼지인지
왜 산다는 게 그런 건지

아무리 창문을 닫고 밀폐를 잘 하여도
먼지는 어김없이 쌓인다.

쌓인 먼지를 두드리면
날려간 먼지는
어디엔가 또 쌓이게 된다.

우린 그저 조용히 우리네 촉촉한 마음으로
매일의 먼지들을 잘 닦아내어야 한다.

내일이면 또 쌓여 있을 먼지를
은근히 기대하면서

Everything is dust in the wind

I believe I can fly

누구나 가슴 속엔
한 마리 새가 있습니다.

모든 걸 버려두고
어디론가 훨훨 날아가고픈
그런 한 마리 새 말입니다

요즘 들어 전 자주 하늘을 바라봅니다.
그리곤 속으로 주문을 외듯 중얼거립니다.

I believe I can fly.

팝 가사처럼 들리지만
저 뿐만 아닌 우리 모두의 주문은 아닌지요

하지만 말예요.
날아가고 싶지만 날지 못한 안타까움보다
더 절망적인 게 있습니다.

그건 아예 자신을
닭이나 타조로 인정해 버리는 것입니다

날 수 없는 회한보다 더 절망적인 건
아예 날아볼 생각조차 하지 않는 것입니다

어떠한 극한 상황 속에서도
살아남을 수 있는 유일한 무기는
바로 희망이라는 것입니다

비록
판도라 상자 속 깊숙이 갇혀버린 희망이지만
그 희망이 없는 삶은
이미 방송이 끝난 TV의 지지거리는 화면과 같습니다.

오늘은 생각해 봅니다

그래, 지금 날 수는 없지만
언젠간 내가 날 수 있다는 걸 믿는다는 건
아직 내가 살아있다는 증거라구요

I believe I can fly

전 믿습니다.
언젠가 창공을 훨훨 날아오를 그날을

그땐
쇠사슬처럼 삶을 무겁게 만들었던
녹내장의 굴레도 벗어 던지고

사랑의 아픔도,
관계의 상처도
훌훌 털어 버리고

시원한 공기를 가르며
창공을 맘껏 날아오르렵니다.

R. Kelly의 I believe I can fly를 들으며

그때가 그립습니다

어릴 때
우리 동네에는
유난히 서커스단이 많이 들어 왔었습니다.

얼굴에 화장을 한 예쁜 서커스단 소녀를 생각하며
밤새 가슴 졸여 날을 꼬박 새워버린 가슴 벅찬 그 밤

저희 집은 그 동네 유일한 이층집, 일본식 가옥
방은 다다미로 되어
아리한 볏짚냄새가 나던 집이었습니다.

비가 올 때면
이층에서 내려다보는 아스팔트길이 생각납니다.
신작로라고 그랬죠.

그 길로 탱크도 지나가고
꽃상여도 지나가던 기억이 납니다.

딸랑 딸랑 종소리
뒤따르는 곡소리에 왠지 숙연해야만 할 것 같은 분위기에
죽음과 이별을 어린 마음으로 받아들였습니다.

어느 날은 꽃상여를 따라 산까지 올라가

어두워질 때야 내려오곤 했답니다.

지금은 대공원으로 바뀌었지만
그때만 해도 그냥 산 계곡이었던 곳을
아이들이랑 물놀이했던 기억도 납니다.

고향이 바닷가였기에
동네 아이들이랑 틈만 나면 바다로 뛰어가
백사장에 입고 온 옷들을 파묻고는
해질녘까지 물장구치던 기억도 납니다.

텔레비전 방송 시작 전 동그란 조정화면도 신기해
방송시작 훨씬 전부터 그 화면을 보고 있었던
시절도 있었습니다.

김일 선수의 레슬링 하는 날이면
우리 집은 동네 반상회 하는 날이었습니다.
그 동네 유일의 텔레비전 있는 집이었거든요

커다란 장롱처럼 생긴 전축
문을 스르르 열면 은은하게 켜지던 빨간 고추등
동백아가씨가 돌아가던 턴테이블을
종일 신기하게 바라보았건 그때

와이셔츠 상자 가득 담긴 형형색색의 딱지들을
마치 무슨 보물이나 되는 듯

옷장 밑 깊숙이 감추던 어린 시절의 제가 눈앞을 스칩니다.

학교 앞에 즐비하게 있던 칡뿌리 파는 아저씨들
과자가 흔하지 않았기에
모두들 입가가 시꺼멓게 칡뿌리를 씹고 다녔죠.

동네 골목이란 골목은
죄다 꿰차듯 헤집고 다니며 숨바꼭질 하던 기억,
골목대장이 되기 위해
높은 곳에서 뛰어 내리다 발목을 삔 기억

그때 그 시간들의 색상은
제겐 연한 파스텔 톤 보라색입니다

다시 오지 않을 그날
기차표 검정 고무신의 그날.
미군 소독차 뒤를 따라다니던 그날
미군 부대 시레이션 깡통에 한껏 행복했던 그 시절

오늘의 우리
너무나 풍요롭기에
그 풍요함의 소중함을 잃고 있나 봅니다.

그때가 그립습니다

가을

이젠 정말 가을인가 보다

따뜻한 차에서 피어 오른 아지랑이가
선불리 추위를 가져왔나 보다

계절은 참 변함없다
오리라 정해진 것들은
어김없이 오는가보다

창 밖에 보이는 저 숲들도
곧 분주히 옷들을 갈아입을 게다

어느 시구처럼
우린 이 땅에 잠시 소풍을 나왔을 뿐

언젠간 세상 구경 다 끝나면
누구 하나 남김없이
다 돌아갈 우리인데

그날은 우릴 향해
부지런히 달려오고 있는데
우린 이렇게 차 한 잔 앞에 넋 놓고 있다

여름 지나 가을 오듯
오늘 지나 내일 오듯
세상은 그렇게 흘러가나 보다

그런 것 보면
우리 심각하게 생각할 일
정말 없을 것 같다

고난을 이겨내는 방법

옛날 어느 작은 마을에 목수가 살았습니다.
그 목수는 몇 년을 저축하여 꼭 가지고 싶은
회중시계를 샀습니다.

그런데
어느 날 톱밥 통 위에서 작업을 하다
그 회중시계를 톱밥 통에 빠트리고 말았습니다.

그 목수는 허겁지겁 톱밥 통을 다 뒤지고
온종일 난리를 쳤지만 결국은 찾지 못하고
허탈한 마음으로 집으로 돌아왔습니다.

그리고 얼마 시간이 지나지 않아
조그만 그의 아들이 그 회중시계를 찾아
그 목수에게 내밀었습니다.

목수는 반갑고도 신기해서 아들에게 물었습니다.
그토록 다 찾았지만 찾질 못했는데
넌 어떻게 찾았냐고요

그러자 그 아들이 방긋이 웃으며 말했습니다.
아빠가 작업실을 나간 후 조용히 구석에 앉아 있으니
그 시계소리가 들리더라고요

그래서 그 시계소리 나는 곳을 찾았더니
그곳에 그 시계가 있었다고요

힘들고 난감한 일을 만났을 때
발버둥치거나 소리를 지르며 허둥댈 게 아니라

조용히
잠잠히 인내하며 기도하며 기다릴 때
헤쳐 나갈 길이 보인다는 것을
저도 그 조그만 아이를 통해 배웠습니다.

힘들고 어찌할 줄 모르는
갑갑한 마음에 갇힐 때

우리 한번 구석에 조용히 웅크리고 앉아
그 시계소리를 들어보았으면 합니다.

내가 나다울 때, 그때 행복을 느낀다

캘빈 쿨리지 대통령이
어느 날 자기 고향마을 친구들을
백악관으로 초대했습니다.

백악관 식탁 매너를 몰라 고민에 빠진 초대 손님들은
쿨리지가 하는 대로 따라하자는 결론을 내렸습니다.

식사가 끝날 무렵 커피가 나오자
대통령은 자신의 커피를 커피 잔 받침에 부어
설탕과 크림을 탔습니다.

손님들도 그대로 했습니다.

그 다음에 쿨리지는 몸을 굽혀
그 접시를 식탁 밑에 있는 고양이에게 주었습니다.

이 글은 에릴 울슨의 짤막한 글이었지만
제겐 참 많은 생각을 하게 만듭니다.

세상을 살아가며
'나' 라는 존재를 얼마나 생각하고 있는지

누구나 원하는 인생을 살 수는 없습니다.
그래서 언제나 현실과 타협하며
적당히 포기하고 살고 있습니다.

하지만
그래도 우리가 잊지 말아야 할 것은
내가 나답게 살아야 한다는 자신의 정체성입니다

가끔
아니, 자주 나 자신이 세파의 흐름에
떠내려가고 있는 걸 발견하곤 합니다.

내가 가야할 곳은 저긴데
여전히 다른 방향으로
떠밀려 가고 있는 현실 말입니다

현실을 뛰어 나올 순 없습니다.
왜냐면 현실은 곧 생활이기 때문입니다

하지만
그러한 상황 속에서도
우린 자신을 잃지 말아야 합니다.

꽃이 아름다운 건
아름다운 자태와 그윽한 향기가 있기 때문입니다

저녁노을이 아름다운 건
도저히 인간이 만들 수 없는
신비로운 채색이 있기 때문입니다

사람이 아름다운 건
그 육신 속에
그 사람만의 향기로운 인성이 배어있기 때문입니다

그 향기는
내가 나다울 때
비로소 만들어지는 것입니다

바쁘고 복잡한 하루 생활 속에
가끔은 고개를 들어 하늘을 보며
지금 나는 어디에 있으며 무엇을 지향하고 있는지
자신에게 되묻곤 합니다.

그래서 그저 카멜레온처럼
주위에 녹아들어 흔적도 없이 살아가고 있는 건 아닌지

내가 나다움의 향기를 머금을 때
그때야 비로소
우린 제자리에 안주한
참다운 행복함을 느낄 수 있습니다.

누가 잡초를 함부로 뽑는가

우린 우리의 기준으로
세상을 자리매김하고 있다

우리가 좋아하고 우리가 인정하는 것들만
현실에선 살아남을 수 있지 않은가

우리가 좋아하는 것
그 기준은 우리네 마음이다

이 세상엔
수 없이 많은 풀들이 있다

하지만
우린 그 모든 걸 원하지 않는다.

어쩌면 오히려 우리 기억의 한계를
두려워해서인지도 모른다.

우리 상식의 범주 속에 있는
몇 가지를 선택해 우린 그 들을 꽃이라 부른다.

그리고
선택받지 못한 수많은 풀들을
우린 그저 잡초라 부른다.

그러나
그들에게도 분명 이름은 있다

돌피, 물달개비, 쇠털골, 바랭이,
쇠비름, 별꽃, 쇠뜨기, 괭이밥

우린 그들을 기억하지 않는다.
아니
존재조차 알려고 하지 않는다.

우리가 꽃이라 부르는 그 풀들이
온실 속에서 온갖 풍요로움을 누리고 있을 때

그들은 뽑힘을 당하고
독한 제초제에 온몸이 썩어 가고만 있다

그러나
그들은 결코 포기하지 않는다.

보도블록의 조그만 틈새나
바위틈 한줌의 모래 위에도
그들은 놀라운 생명력을 갈구한다.

누구 하나 물을 주지도,
누구 하나 거들떠보지도
누구 하나 거름을 주지 않아도
그들은 그렇게 살아있음을 포효하고 있다

누가 잡초를 함부로 뽑는가.

그들의 생명력 강인함
그 숱한 모멸에도 흐트러지지 않는 고운 자태

과연
우린 그들을 솎아낼 자격이 있단 말인가

꽃이면 어떠하고 잡초면 어떠한가.
애지중지 깎아주고 다듬어주는
그 푸른 잔디도 한때는 잡초였음을

넋두리

초추初秋의 양광陽光
옛날 고등학교 국어 교과서
한 모퉁이에서 보았던 구절이다

가끔 그런 생각을 해본다.
왜 이리도 처절하게
삶의 전장을 누비고 있는지

그렇게 악착같이
무엇을 얻으려고 하는지.

세월이 덧없다 함은
지금이나
10년 뒤나
아무런 의미 없다는 말이다

우린 지금
세월의 강물에 돛단배를 띄우며
유람하고 있는 건 아닌지

가야할 곳도
가고자 하는 곳도 없이

바람 따라 강물 따라
그렇게 우리는 흘러가고 있는 건 아닌지

닻은 어디를 가고
까먹은 세월의 껍질만 수북이 쌓인
한 평 남짓 이 돛단배

지금 뛰고 있다면
잠시 멈추어 생각해보아야 한다

우린 지금 어디로 가고 있는지
왜 가고 있는지.
왜 가야만 하는지

바람 좋은 이 가을 아침
그냥
한 마리 말이 되고 싶다

갈기 휘날리며
마음껏 가을을 달리는

노인이 부러울 때

가끔
길가에 힘없이 앉아 계시는
할아버지를 봅니다.

하얗게 드리워진 긴 수염과
깊게 패인 주름살.

오늘 처음
왜 노인이 존경스러운지를 깨달았습니다.

많이 살지는 않았지만
산다는 게
고해苦海의 바다를 건너는 일이라는 걸 알았기 때문입니다

그 숱한 어려움과 고통과 역경을 체험하며
나보다 먼저 저 멀리 그 바다를 건너고 계신
그 분들이 정말 존경스럽습니다.

마치 먼저 매 맞고 웃고 있는
아이들을 보고 있는 심정처럼

왜 까만 머리가 하얗게 변하는지
팽팽한 얼굴에 왜 흉터 같은 깊숙한 주름이
만들어져 가는지
이제야 조금 알 것 같습니다.

어릴 적
사람이 너무 오래 산다는 생각을 했습니다.

왜 그런 생각을 하였는지는 모르겠지만
그 생각이 옳았던 것 같습니다

돌아보면
그저 살기 위해 살아온 나날들 밖에 없는 것 같습니다

마치 강아지가 거리를 배회하듯
무언가 끊임없이 쓰레기통을 뒤지며
그렇게 허기진 배를 채우다
그렇게 목숨을 다하듯 말입니다

그 강아지나 우리나
살아가는 행태만 다를 뿐
결국은 같은 원을 그리고 있습니다.

아침에 눈을 뜨면
또 그 쓰레기통을 기웃거리고 있는 저를 발견하곤
그 강아지를 까맣게 잊어버립니다.

우린 왜
무엇을 위해 이렇게 살아야만 하는 걸까요.

눈높이

미술 전시관에서
한 여자가 무릎을 꿇고
그림을 감상하고 있었습니다.

미술관 직원은 한참을 바라보다
그 여자에게 물었습니다.

왜 힘들게 그렇게 꿇어 앉아
그림을 감상하냐구요

저는 초등학교 교사입니다
내일 우리 학생들을 데리고
이곳에 오기로 했는데
그 아이들의 눈높이에서 보는 그림을
미리 알아보려고 이러는 거랍니다.

그렇습니다.
우린 저마다의 관점이 있습니다.

물 컵은 옆에서 보면 사각이지만
위에서 내려다보면 둥근 원이랍니다.

서로의 마음을 배려하는
포근한 우리가 되었으면 합니다.

늦은 시간의 넋두리

산다는 것에 대한 회의는
산다는 의미만큼이나
별 의미가 없는 것 같다

살아가면서 왜곡된 진실에 대한 안타까움을
속 시원히 풀고 살아가는 사람이 과연 몇이나 있을까

나이가 든다는 건
그 나이의 무게만큼이나
책임의 무게를 짊어진다는 뜻인가 보다

감정의 흐름보다는
그동안 일구어 놓은 것에 대한 책임감

살면 살수록
산다는 의미를 잘 모른다.
왜 살아야 하는지.

때론
모든 걸 놓아버리고 싶을 때가 참 많다

강하게 보이려 포효하는 자신은
어쩌면 터질 듯한 생각의 포화상태에서
살아남기 위한 위장인지도 모른다.

가끔은 멀리서 내 자신을 보며
연민의 정을 느끼고
안쓰러운 눈길을 자신에게 보내기도 한다.

그래도 가야만 하는 여정 속에 놓인 길이기에
그렇게 휘둘려 떠밀려 가는 건지도 모른다.

그 언제쯤이나
그렇게 백치의 미소를 지을 수 있을는지

늦은 시간
낯선 삶의 길을
또 한 번 넋두리에 젖어 그렇게 걸어본다.

돌아보기

요즘은
행동보다
생각이 많아지는 때인 것 같다.

자신에 대한 정체성

걸어온 길과
앞으로 가야 할 길에 대한
재정립이 필요한
그런 생각 깊은 날들이 계속된다.

요즘은
그런 생각을 해본다.

누구에게나
후회하는 삶은 없다는 생각

매 순간마다
우린 선택의 연속 속에 살고 있지만
그 순간마다
우린 나름의 최선을 선택하며 살고 있다

다만
시간이 흐른 뒤의 결과에 따라

그 순간의 결정이
잘 된 것인지 잘못 된 것인지
나뉠 수는 있지만

그때 그 순간만은
최선의 선택이었다는 생각이 든다.

아무리 잘 살아온 삶이라 해도
회한 없는 삶은 없는 것

후회 없는 삶
어쩌면 그건
지나온 삶에 대한 판단보다
지금 내가 그것을
어떻게 받아들이느냐에
좌우되는 건 아닐까

비록 아쉬움은 있지만
결코 후회 없는 삶을 산다는 건

지나온 나의 아픔까지도
사랑할 수 있을 때 가능하리라

요즘 이 힘듦은
아마 그 아픔 때문이리라

두려움이란

두렵다는 건
잃을 게 있다는 것이다.

나중엔
두려움조차 무의미해질 때가 있다

실은
그때가 더 두려운 때이다

더 이상 두려워해야 할
아무 이유조차 찾을 수 없음에

두렵다는 건,
아직 삶에 대한
애착이 있다는 증거

절망과 희망은
50:50일 때가 가장 아름답다

지금의 두려움을
남아 있는 삶의 애착에 돌린다면
훨씬 더 풍성한 여유를 가질 수 있다

이미 일어난 일은 돌이킬 수 없다
다만
주어진 상황에서
이 고통이 주는 의미와

고통으로 인해 보지 못했던
고통 속의 축복을 찾는 노력이
우리에겐 필요하다

세상엔 완벽한 불행도
완벽한 행복도 없다

어느 편에 서는가는
우리의 결정에 달린 것

두려움이란 폭대는
결국 나 자신이다

마이다스의 손

옛날
황금을 무지 좋아하는 한 왕이 있었습니다.

그는 황금을 너무 좋아하여
세상 모든 황금을 가졌으면 하는 꿈이 있었습니다.

그래서 간절히 소망하였습니다.
내가 만지는 것마다 모두가 황금으로 변할 수 있기를

드디어 그 꿈은 이루어졌습니다.
그가 만지는 것마다
모두가 찬란한 황금으로 바꾸어졌습니다.
너무나 행복했습니다.

궁의 모든 것은 빛나는 황금으로 변했지만
사랑하는 딸과 아내마저도
손을 잡는 순간 황금으로 변했습니다.
먹을 음식도, 마실 물도.

그는 다시 기도를 했습니다.
이 황금들은 더 이상 내게 행복을 줄 수 없음을
서로 마음을 나눌 수 있는 따뜻한 사랑과
목을 적실 수 있는 한 방울의 물을

그 왕의 이름은 마이다스였습니다.

우리는 어떠한가요.
저는 마이다스입니다

조금 더 행복해지기 위해
조금 더 잘 살기 위해
오늘도 내 손 닿는 것이
모두 황금이 되기를 간절히 소망하며
열심히 허망한 기도를 하며 살아가고 있습니다.

그러나 정작 소중한 것은
그 손에 의해 조금씩 잃어만 가고 있다는 것을
이제야 깨달았습니다.

전 요즘 느끼고 있습니다.
나이가 들어감에 따라
상대적으로 쫓기는 마음에
무언가 하나라도 더 황금으로 만들기 위해
그렇게 마이다스가 되어가고 있다는 걸

하지만 지금 이 순간.
우리가 살아야 하는 이유가
그게 다는 아니라는 걸 알게 됩니다.

살아가며 열어지는 삶의 빛깔에
더 이상 회색이 아닌 빨간 구름 하나를
남은 인생의 여백에 그리고 싶습니다.

산다는 건
그리고 사랑한다는 건
어쩌면, 아직 시작하지 않은
어느 순애보의 꿈인지도 모릅니다.

우린 아직 서로 나눌 이야기 많은
어느 시골 화롯가에 둘러앉은
나그네들이기에.

말에는 창조의 능력이 있습니다

우린 하루에도
수 없이 많은 말들을 한다.

때론 우리가 무슨 말을 했는지
기억조차 나지 않은 말들도 있다

하지만 중요한 건
우리의 입 밖으로 나온 말들은
결코 사라지지 않고
우리 주변을 맴돌고 있다는 것이다

우리가 뱉은 그 수많은 단어들이
우리 인생을, 우리 생각을,
우리 미래를 결정한다는 걸
잊어서는 안 된다

말에는
창조의 능력이 있다

우리가 사각의 세상을 말한다면
세상은 사각으로 변한다.

우리가 둥근 세상을 말한다면
세상은 둥글게 된다.

오늘
내가 무슨 말을 하고 있는지

과연 건설적이고 희망적이고
생명이 있는 말을 하고 있는지

아니면 패배감에 젖어
낙담과 절망적인 말을 하고 있는지

지금 우리가 하고 있는 말이
곧 그대로 만들어지고 있다는 걸
명심해야 한다

좋은 말, 긍정적인 말,
아름다운 말은
향기로운 냄새가 난다

오늘
우린 그 말의 창조를 시작한다.

밑 빠진 독

옛날 옛적에
어느 정승이 집안 하인들을 불러
밑 빠진 빈 독에 물을 채우라 하였습니다.

하인들은 어리둥절했지만
주인의 엄한 명령에 열심히
밑 빠진 독에 물을 붓기 시작했습니다.
그러나 밑 빠진 독에 물이 찰리는 없었습니다.

다들 채우길 포기하였지만
유독 한 하인만이 꾸준히 먼 우물에서
물을 길러 날랐습니다.

다들 바보 같은 놈이라 놀려댔지만
그 하인은 우물이 다 마를 때까지
밑 빠진 독에다 물을 부었습니다.

물이 말라버린 그 우물 바닥에는
커다란 황금덩이가 있었습니다.

그 하인은 놀라 주인에게 그 사실을 고했습니다.
주인은 호탕하게 웃으시며
그 금덩어리는 이제 자네 것일세.
그 금덩어리를 가지고 자유롭게 살게나.

주인은 그 순종과 인내를 보려했던 것입니다
우린 밑 빠진 독에만 관심이 있었지만
중요한 건 그 우물이었습니다.

우리네 일상이 아무리 밑 빠진 독에 물 붓는
인생인 것 같지만

그 삶을 통해
그 어디선가 황금덩어리가 기다리고 있는지 모릅니다.

주어진 삶에 묵묵히 최선을 다할 때
삶의 기회는 결코 우릴 외면하지 않으리라 생각합니다.

벼룩

벼룩은
보통 60센티를 뛰어 오른답니다

그러나
30센티 높이의 유리관을 벼룩에게 씌우면
몇 번 뛰다 부딪치고 나면
그 다음은 28센티 정도만 뛴답니다.

그리고는 그 유리컵을 치워도
벼룩은 계속 28센티만 뛴답니다.

혹여 우린
현실과 세월의 유리컵 속에서
28센티만 뛰도록 길들여진 건 아닌지요

녹내장이란 유리컵이
우릴 태양을 바라보지 못할
그림자 인생으로 길들이고 있지는 않는지

우리의 한계는 없습니다.
다만 우리가 그 한계를 그을 뿐입니다

우리 한번 60센티
뛰어봅시다

유리벽에 부딪치는 깨어짐 없이
아픔 없이 새로운 생명은 없습니다.

지금의 굴레에서 깨고 나오지 않으면
우린 알속에서 언제나 어두움으로
썩어갈 수밖에 없습니다.

자!
가슴을 펴고 우리 뛰어봅시다
60센티를 향하여.

보석과 돌

다이아몬드와 숯
그 주성분은 둘 다 탄소입니다

하지만
그 값어치는 비교할 수 없습니다.

오랜 인고忍苦의 세월과
엄청난 압력을 견디며
영롱한 보석은 탄생하는 것입니다

발길에 차이는 돌들
보석 또한 돌이지만
우린 찬란한 빛을 내는 돌은
함부로 대하지 않습니다.

보석과 돌
그 차이를 아시는지요.

돌은 빛을 투과하지 못하지만
보석은 빛을 투과시켜
자신의 아름다운 색상을 드러냅니다.

투명하다는 것
그건 자신을 비우는 것입니다.

미움으로부터
욕정으로부터
근심으로부터
때론 사랑으로부터 자신을 비울 때

우린
보석처럼 빛날 수 있지 않을까요.

실명으로부터의 공포와 좌절감
이로 인한 내일에 대한 정체는
우릴 점점 더 굳어진 돌들로 만들고 맙니다.

녹내장 또한
숱한 질병의 하나로 받아들이고
관리만 잘한다면
절대 실명하지 않는다는 확신을 가지고
공포와 두려움으로부터 자신을 비울 때
우린 어느새
아름다운 보석으로 변하게 될 것입니다

더 이상
자신을 어두운 것으로 채우지 말고
밝고 긍정적인 마음으로
온전히 자신을 비울 때

나 혼자 뿐만 아니라
자신의 주위마저 빛나게 만드는
아름답고 찬란한 보석이 되지 않을까요.

그래서
당당히 녹내장을 이겨나가는
보석같이 찬란한 우리가 되길 바랍니다.

빨간 영산홍

빨간 영산홍
붉다 못해 핏빛 어린 꽃잎들이
마치
내 그리움을 대신 토해낸 듯하다

간간히 섞여 있는
분홍 진달래는
희미해진 추억의 잔재들인가

햇살 좋은 오후
양지 바른 화단에
머리 맞댄 영산홍은
내 눈망울에 상념만 그려놓고

무심한 채
한줌 잔디를 베개 삼아
오침을 즐기는데.

눈 시린 붉음에
머물 것 없는 시선은
이내 하늘만 바라본다.

걸어온 정오의 길목에서
이제야
빨간 영산홍이 그 곳에 있음을
알게 되었다.

아직 남은 오후
핏빛 애증을 간직한 꽃들을
놓치지 말아야겠다.

산다는 게

한 마리 파리가
이리저리 날아다니다
내 손에 죽었다
신경 쓰였던 파리

몇 분만 지나면
그 파리는 기억 속에서 사라진다.

파리와 나.
무엇이 다른가.
삶의 패턴만 다를 뿐.

세상 모든 게
다 부질없다

그 뜨겁던 정열도

살아갈 이유를 찾기 위해

세상을 헤집던 갈증도

그저 그렇게

생각되는 한가한 어느 오후

산다는 건

어쩌면

왜 사는지 모르기 때문에

그렇게들 열심히 사는 건지도 모른다.

시원하게

소나기라도 내려줬으면

생각이 많을 때

어릴 적부터
생각이 참 많았다

특히 죽음에 대해서

사람이 죽는다.
언제 죽어 언제 다시 태어난다는
기약 없이 영원히 사라지는 것이다

내가 있기에
지구가 있고 세상이 있는데
내가 죽는다면 영원히

정말 영원히
모든 게 없어진다는 생각

초등학교 시절
이 문제로 심각한 고민에 빠졌었다

생각
어떨 땐 너무 많아
내가 생각하고 있는 것조차
생각할 수가 없었다.

근데 신기한 건
그 단계를 지나면
생각의 공통점을 찾아내고
분류를 할 수가 있었다.

그리고 몇 군으로 나눈 다음
각 군마다 의미를 부여하니
그다지 힘든 것도, 어려운 것도 아니었다.

그 분류 중 가장 중요한 건
내가 할 수 있는 것과
내가 할 수 없는 것

내가 할 수 있는 분류에는
지금 해야 할 것과
조금 나중에 해도 되는 것을 분류한다.

지금 해야 되는 것에도
우선순위를 정하고
중요도를 정하는 것

그리고 내가 할 수 없는 분류는
그냥 운명이라는 틀 속에
깊이 넣어 두는 수밖에

그건
내가 어찌할 수 없는
기다림의 방이다.

세월

사람은
처음엔 사각이었답니다.

사각이라 어디 다른 곳도 가질 못하고
항상 그 자리에서
한 곳만 바라보며
생각이 하나로 굳어 있었답니다.

그러다 바람결에
날아온 세월에 맞아
모서리들은 깎이기 시작했답니다.

사랑에 맞고
이별에 맞고
그리움에 맞고
관계에 맞고

그러다
사람은 점점 둥글게 되어갔답니다

그래서
많이 맞은 사람은 이리저리 굴러

많은 걸 보게 되고
많은 걸 알게 되고
많은 걸 깨닫게 되었습니다.

아직
우리가 한 곳만 바라보고 있다면
세월의 시련이 더 필요한 것

아픔은
때론 이렇게 우리에게
많은걸 안겨 주기도 합니다.

아침 상념

많은 나이는 아니지만
이제 인생의 정점에 서서
지는 해를 바라보는 나이

그동안 살아오며 참 많은 걸 잃고
많은 걸 얻었다 생각했지만
지금 내 두 손에 쥔 건
그리 넉넉한 수확은 아닌 것 같다

하지만 한 가지
이 아침 가슴 한편 짠하게 스며드는 건
아직 내겐 너무나 많은 욕심으로 인해
가슴이 짓눌려 참다운 행복을 놓치고 있다는 느낌

그런가 보다
참 많이 비웠다 생각했지만
여전히 많은 미련과 회한이
아직 나를 옭아매고 있는가 보다

세상은 절대 바뀌지 않는다.
나 자신이 쓰러져 신음하고 있는 중에도
어김없이 아침이면 태양이 뜨고
사람들은 분주히 저들의 삶을 향해 달려간다.

내가 열심히 내 길을 갈 때
그때도 분명 누군가는
힘들어 절규하고 있었을 게다

내가 바뀌어야 세상이 바뀐다
파란 하늘을 보려면 파란 안경을 쓰고
빨간 하늘을 보려면 빨간 안경을 쓰면 된다.

굳이
하늘을 파랗게, 빨갛게 물들이지 않아도 말이다

내가 힘들면 세상살이가 힘들고
내가 즐거우면 세상도 다 아름답게 보인다.

오늘 이 아침
난 행복하리라

만나는 사람들마다 사랑을 나누고
하는 말마다 복된 말이 이어져

오늘 저녁,
젖어드는 행복감에
곤한 잠을 이룰 것이다

이 또한 지나가리라

옛날 다윗 왕이 금 세공장이에게 명령을 내렸답니다.

왕을 상징하는 반지를 만들되

승리에 도취해서 너무 자만하지 아니하고

너무 실의에 빠져서 낙심하지 않을 문구를 반지에 새겨 넣으라고요

세공장이는 반지는 완성했지만

그에 맞는 문구를 찾지 못해 고심하다

아들 솔로몬 왕자에게 도움을 요청했답니다.

솔로몬은 한참을 생각하다 세공장이에게 글을 써 주었습니다.

'이 또한 지나가리라'

아무리 기쁜 일도, 아무리 슬픈 일도

다 지나가기 마련.

지금의 이 아픔 또한

언젠간 돌아 지나갈 골목어귀같이 사라질 거라 생각합니다.

당장이라도 죽을 것만 같은 고통도,

하늘을 날듯 벅찬 기쁨도

어쩌면 다 부질없는 한 순간의 기억조각은 아닐는지요.

작은 행복

언제나 오가는 출근길 가에
화사한 진달래가 피어 있다

한껏 피어 오른 게
그 곳에 있은 지 꽤 오래 된 것 같은데
오늘에야 보인다.

그동안
내가 너무 차를 빨리 달렸나 보다

올 봄에 처음 보는 진달래라
차창을 내리고 설레는 가슴으로 보고 있는데
뒤에서 '빵' 한다.
불과 2~3초였는데

앞차는 벌써 저만치 달려가고
뒤차는 그 진달래를 보지 못했나 보다

저 진달래를 보라고 소리 지르고 싶다

우리가 우리 주위의 잔잔한 행복을 놓치는 건
그 행복이 없어서가 아니라
우리가 너무 앞만 보고 달리기 때문은 아닌지

얼마 전 왜 이렇듯 허우적거리며 살아야하는지
'왜' 라는 질문을 자신에게 던져보기도 했다

숨은 그림 찾기처럼 이렇듯 삶 속에 감춰어진
그 무언가를 발견하는 감동으로 그 대답이 되는 건 아닌지

행복은
절대 큰 것이 아니라는 걸 절실하게 느낀다.

우리의 삶 주위에서
작은 행복들이 오래 전부터
우리의 눈길을 오랫동안 기다리고 있었는지도 모른다.

우린 더 큰 행복을 얻기 위해
작은 행복들을 밟고 올라서고 있는 건 아닌지

이 아침
촉촉한 가슴으로 하루를 연다.

죄송합니다

가끔
자신도 어려우면서
남을 위해 봉사하시는 분들을 접할 때
제 자신이 너무나 초라함을 느낍니다.

오늘 아침도
장애아들을 양자로 입양해 키우는
어떤 여교사의 이야기를 들었습니다.
한동안 멍해졌습니다.

나는 뭔가.
조금 더 잘 살려고 발버둥치는 나 자신
남의 아픔보다 내 아픔을 먼저 챙기는 나

과연
한번 살고 가는 이 삶에
무슨 의미를 찾을 수 있는지

그들은 하늘에서 내린 천사라 생각했습니다.
그런 선한 일을 하는 사람들은
따로 있다고 생각하며 살았습니다.

하지만
그건 나 자신이 빠져나가려는
한낱 얄팍한 변명에 불과하다는 것을
자신은 잘 알고 있습니다.

부끄럽습니다.
마음만 있고 행동이 따르지 않는
자신의 위선에 고개를 들 수 없습니다.

정말 그렇게 살고 싶은데
그러고 싶은데.

죄송합니다.
정말 죄송합니다.

중년기 의미

오늘 아침
유난히 '중년' 이라는 단어에 눈길이 끌린다.

무거울 중重인지 가운데 중中인지
아님 그 둘을 다 의미하는지는 모르지만
무언가 깊은 의미가 숨겨진 나이인 것 같다

마음은 아무리 대학로를 걷고 있지만
어느덧 세월은
우리를 중년이라 부르고 있다

그동안 숱한 만남과 아픔의 무게로
어느덧 무거워야만 하고
그러기에
좌로도 우로도 치우치지 못하는 중간의 나이

하지만
우리에겐 또 다른 문이 열리고 있음을 안다

이 전엔 결코 볼 수도, 느낄 수도 없었던
관념으로부터의 자유

우린 그 울타리 없는 새로운 세계의 문을
지금 들어가고 있는 것은 아닐까

나이는 숫자에 불과하다고 했다
하지만 아니다
나이는 신비의 숫자이다

높은 산 정상으로 올라갈수록
연무에 휩싸인 정상을 만나듯

우리의 나이 듦은
그 신비함을 맛볼 수 있는
인간만이 가질 수 있는 특권이 아닐까

깊어진 사고와 넓어진 마음은
우리의 삶을 한층 더 풍요롭게 한다.

음악과 시와 사랑
이전엔 귀와 눈과 몸으로만 가졌었지만
이젠 마음으로 그것을 음미할 수 있다.

아름다운 중년이라 표현했다
아마 그래서 그 아름다움이
잘 어울리는 중년인지도 모른다.

중년은
정상에서 내려가는 나이가 아니라
정상에서 그 특권을 누리는 나이이다

즐길 줄 아는 사람

호주에 사는 여자가 태국으로 이주를 갔는데
바다에 정박해 놓은 자신의 요트로 가기 위해
고무보트를 타고 가던 중 풍랑을 만나
5일간을 물도 음식도 없이 바다 한가운데서
표류하다 인도네시아 선박에 의해 구조되었답니다.

그 여자는 그 5일간이
인생에 가장 황홀한 순간이었다고 말하였답니다.

바다 한가운데서 바라보는 밤의 풍경,
특히 별빛이 그렇게 아름다웠다나요
물론 구조되었으니까 그럴 수 있겠지만요

피할 수 없는 상황이라면
그 상황을 즐기라는 말이 생각나는군요.

얼마 전인가요
인터넷 서핑하다 그런 글을 또 보았답니다.

아무리 열심히 일하는 사람이라도
그 일을 즐기는 사람에게는 못당한다구요

즐긴다.
그 망망한 바다 한가운데서
구조의 방법도 없는 그런 절박한 상황에서
밤하늘을 바라보며 별들을 즐길 수 있다는 것
저에겐 한없는 도전으로 다가옵니다.

어쩔 수 없이 즐기는 게 아니라
정말 스스로 즐길 줄 아는 사람.

같은 하루의 피자를 받고서도
얼마나 맛있게 먹을 수 있느냐는
우리의 마음가짐에 달려 있나봅니다

즐깁시다.
하기 싫은 일도, 보기 싫은 사람도,
감당하기 힘든 괴로움도.

우리가 즐기는 그 순간
세상에서 가장 기다려지는
하루일과가 되지 않을까요.

피터 팬 증후군

영원히 소년의 모습 그대로
꿈을 먹고 자라고 싶은 피터 팬 증후군

실제로 미국에서 어떤 한 남자가
자신은 피터 팬이라며 초록색 쫄쫄이 바지를 입고
피터 팬처럼 살고 있다고 한다.

어쩌면, 나도 그 부류인지도 모른다.
아니, 우리 모두가 조금씩은
그런 증세를 가지고 있는지도

나이를 먹는다는 것보다
그러므로 인한 기회상실의 압박감이 더 큰 이유일 게다

하지만
어떻게 보면
그 피터 팬조차도 시간의 흐름에 따라
소년의 이미지가 변한다는 걸 우린 알아야 한다.

시간은 참 많은 걸 변화시켜놓는다
마치 꽂아 놓은 막대기 위를 태양이 지나가듯
우리가 바라보는 사물의 그림자는
우리도 모르는 사이 그 길이를 달리하고 있다

빨간색을 좋아하던 소년이
초록빛을 좋아하고
그리고는 황금빛 가을 들녘을 좋아하는
어느덧 성숙한 소년으로의 변화된 모습을
우린 잊지 말아야 한다.

우린 변화를 받아들이도록 설계된
불완전한 피조물이기 때문이다.

머리는 아니라고 하지만
어느덧 변화되어가는 자신에
소년의 눈높이도 같이 변하게 된다.

이제 40대.
10대, 20대, 30대를 모두 거쳤지만
난 지금의 내 모습을 사랑한다.

비록 젊은 모습과
겁 없던 패기는 줄었지만
세상을 보는 안목과 가치판단의 기준이
지난 30대보다는 훨씬 더 정립된 것이기 때문이다

각 세대는 각기 고유의 색상을 가지고 있다
우리 연령대는 가을 들판의 색상일까

난 50대가 기다려진다.
아직 느낄 수는 없지만.

바람이 있다면
숀 코네리처럼 50대를 맞이하고 싶다

중후한 모습에 삶의 여유를 가질 수 있는
그런 50대의 피터 팬 소년

이제 곧 한해도 지나간다.
해마다 맞는 이때면
지나가는 삶을 아쉬워하기보다
다가올 새로운 삶에 대한 기대로 설렌다.

물론
지나간 한해엔
너무나 아쉬운 것, 안타까운 것들이 많지만.

하지만
그냥 흘러 보내야만 한다.

그것들에 대한 미련을 갖기에는
다가올 내일이 너무 벅차니까.

하루를 승리하는 방법

세상은
두 가지 삶의 유형으로 나뉘는가 보다

모 광고 카피처럼
그래서 포기하는 삶과
그래도 포기하지 않는 삶

우리는 살아가며
타협해야 하는 잦은 상황에 부딪히게 된다.

우리의 뜻과 생각대로 되는 것보다는
그렇지 않은 일들이 훨씬 더 많다

그래서
사는 게 참 힘들어진다

그래서 의욕을 잃고
주저앉아 버리고 싶을 때가
즐거움과 보람을 느낄 때보다
더 많은 게 삶이다

하지만
우린 삶을 잠시라도 멈출 수는 없다

같은 시간을 살아가는 사람들
하지만 삶의 질은 다를 수 있는 것

삶에 쫓겨 허덕이며 끌려가는 사람.
삶을 즐기며 하루하루가 설렘에
가슴 벅찬 사람
그 차이가 어디에 있을까

같은 상황을 당하더라도
생각의 관점은
놀라우리만큼 커다란 차이를 가져온다.

생각은 씨앗이다

긍정의 생각을 심으면
긍정의 열매가 맺어지고

부정의 생각을 심으면
매사가 부정적인 결과로 나타난다.

길을 가다 넘어져 이마에 피가 흐르면
부정적인 사람은 이렇게 말한다.
오늘 재수 더럽게 없어

하지만
긍정적인 사람은 다르다
이마만 다쳐 다행이야
오늘 정말 재수가 좋았어.

우리가 부정적이고 암울한 생각을 품으면
모든 일들이 힘들고 짜증스럽고
부정적인 결과로 내게 다가온다.

하지만
우리가 밝고 긍정적인 마음과 생각을 품으면
내게 일어나는 모든 일들이
밝고 희망적인 좋은 결과로 다가오는 신비함.

처음부터 불행한 사람은 없다
모두 발가벗은 동일한 조건으로 시작하지만
생각의 차이는
이렇듯 사람을 밝은 쪽과 어두운 쪽으로 나뉘게 한다.

우린 잘 살아야 한다.
그리고 행복해야 한다.

그러기 위해선
우리의 생각부터 바뀌어야 한다.

한 박자

제 차 와이퍼는
Auto Rain Sensing Wiper입니다.
비가 오면 자동으로 비의 양을 감지하여 작동하는 거죠

근데 비가 올 때마다
이 와이퍼랑 저는 신경전을 벌인답니다.

물론 스피드 조절하는 게 있지만
이때쯤이면 와이퍼가 알아서 닦아주어야 하는데
그냥 가만있는 경우가 많답니다.

그래서 참다못해 수동으로 작동시키려면
그 순간 와이퍼가 얄밉게도 '싹' 닦는 거 있죠.

오늘도 상황은 동일.
그러면서 오늘 저는 한 가지를 배웠습니다.

한 템포만 참자.
와이퍼가 제 마음을 아는지 꼭 한 템포 늦게 작동하듯
저 또한 한 템포 늦게 반응하는 걸 배웠습니다.

살아가며 숱한 만남 속에
그 한 박자 때문에 서로에게 상처를 입히고
일을 그르치게 하는 게 얼마나 많은지

많이도 말고 꼭 한 박자만 늦게 반응만 한다면
삶이 조금 더 풍요로워지진 않을까요.

오늘 얄미운 그 와이퍼로부터
삶의 소중한 여유를 배웠습니다.

딱
한 박자만 늦게

해맑은 아이를 보며

아침 출근길
늘 같은 곳에 서 있는
초등학교 5~6학년쯤 되어 보이는
남자아이가 있습니다.

인적이 뜸한 곳이라
태워 줄차를 기다리는 줄 알았습니다.
한 번, 두 번, 세 번.

그 아이는 율동 같은 몸동작에
하늘을 보며 노래를 부르고 있었습니다.
언제나 한결같이

그제야
약간 정상이 아닌 아이인 걸 알았습니다.

하지만 옷차림이 깔끔해
거리를 방황하는 아이 같지는 않았습니다.

그 시간이면 학교 가긴 이른 시간인데
가방을 어깨에 가로 메고 흥얼거리는 아이

꽤 오랜 시간이 지나고
어느 날 그 아이 곁에 차를 세우고
한참을 바라보았습니다.

너무나 행복한 모습이었습니다.
순수 그 자체의 표정.

밀려오는 부러움에
그렇게 한참을 넋 놓고 보고 있었습니다.

차의 흠집은 그냥은 보이지 않습니다.
깨끗이 세차를 하고 나면
긁힌 곳, 상처 난 곳이 눈에 띈답니다

카타르시스.
그 아이를 보며
내 자신 속에 가득한 허물들을 보았습니다.

저 또한 그게 몸서리치도록 싫지만
아침마다 그 속에 뒹굴어야만 하는 이 하루도
그리 곱게 만은 보이지 않았습니다.

가로수 사이로 언뜻언뜻 비쳐지는
따사로운 가을햇살을 받으며
출근 길 내내 그 아이를 떠올렸습니다.

그렇게 살 순 없을까.
그렇게 행복해질 순 없을까

하나를 얻으려면
하나를 잃어야하는 세상의 법칙

그 모든 걸 다 잃는다하더라도
그 아이의 해맑은 미소를 가지고 싶습니다.

행복은 그냥 오는 게 아니랍니다

행복은
그냥 얻어지지 않는다.

정말 죽을 것 같은
아픔과 좌절을 겪으면

사람들은 다시는 그 일을
생각조차 하기 싫어한다.

그러나
그 생각하기 싫은 일조차도
잃은 것만 있는 것은 아니다 .

우리의 시작은
아무것도 없는 무無

그게 아픔이든 실망이든 행복이든
우린 덤을 가지고 가는 것이다

잃을 게 많다는 건
가진 게 많다는 뜻이다

우리가 잃은 건 오늘
내일을 잃은 건 아니기에

오히려 더 강렬한 열망으로
내일을 기다린다.

오늘의 상실이 없었다면
이토록 간절히 내일을 소망할 수 있을까

몸이 경직되면
오히려 더 다치기 쉽듯

정신이 긴장되면
생각하지 말아야 할 것들까지 생각한다.

마음을 열고 물 흐르듯
그렇게 내일을 기다려야 한다.

우주 앞에선
흔적도 없는 점點
그게 우리이다

행복이란

행복이라
무엇이 행복일까

누군가의 말처럼
내가 아니면 느낄 수 없는
감정의 덩이들 속에
어쩌면 행복이 묻혀 있을 수도 있다

아직 판도라의 상자가
닫혀 있어 그럴까

행복해지고 싶다
그것도 아주 많이 무지무지 행복해지고 싶다

하지만 행복은
늘 그렇게 꼭 한발 앞서 있다

행복이란
손 안의 새처럼
너무 꼭 쥐면 죽어 버리고
또한 너무 가볍게 쥐어도 날아 가버리는
나의 의지에 따라 그 색깔이 변할 수 있는 것

세상엔 완벽한 불행도
완벽한 행복도 없다

지금도 우리 두 손 안엔
절묘하게 섞여 있는
행복과 불행이 있음을 안다

행복과 불행의 시작은
나 자신으로부터 시작하는 것

똑같이
주어지는 하루이지만

어제는 엉망이었지만
오늘은 새로운 마음으로
새롭게 무언가를 희망하며 시작한다면
그건 행복의 첫 문을 여는 것이다

어제도 엉망이었기에
오늘도 엉망일 수밖에 없음을
미리 예견한다면
그건 불행의 문을 이미 연 것이다

우린 모두 빈손
아무것도 정말 아무 것도
가지고 갈 수 없는 우리

지금 우리가 가지고 있는 것 또한
우리 것이 아님을

없음을 아쉬워 말고
있음에 감사하는 마음이 열릴 때
비로소 행복은 시작되는 것이다

제3장

아픔

가을 랩소디

가을은
진한 커피향이 제격인 듯싶다

여름엔 가벼운 맛과
봄엔 상큼한 맛
그리고
겨울엔 약간은 감미로운 커피가 제격이다

가을이 온다는 건
혹자들은 쓸쓸함이 시작된다는
또는 황혼이 엷게 저민다는 의미로들 표현하지만
가을이 없다면
우리네 삶에 알찬 열매들도 없으리라

모든 일엔
시작과 익음과 결실이 있다

녹내장과의 16년.
초기엔
참 많은 혼란과 번민의 시작이었지만

그 어둡고 긴 터널은
다시 태어나는 산고産苦와 같았다

그 아픔을 통해
새로운 자신과
새로운 세상을 보지 않았을까

시야표의 까만 부분은
그동안 부정적이고 일그러진 시야를
고마운 녹내장이
살짝 가려주었다는 걸 깨닫는 데엔
참 많은 시간이 필요했다

세상을 다 보며 살 필요는 없다
지금 현재 보이는 세상을
다 감당하기에도
우린 너무나 모자란 시간을 살고 있기 때문이다

만약
어제보다 오늘
시야표의 까만 부분이 더 늘어났다면
우리가 보지 말아야 할 것을
탐하지 말아야 할 것을 탐했기에
그 부분을 애써 지웠구나 생각해야 한다

그렇게 지워야만
우리가 살 수 있기 때문이다

산다는 건
하나씩 지워가며 사는 것
욕심과 애증과 연민과 미래를.

깊어가는 이 가을.
진하게 퍼져가는 커피 향처럼
우리 삶에 은은한 커피향이 배어 있는
그런 아름다운 우리가 되었으면 한다.

녹내장
이제 자유로워지고 싶다

그 두려움조차
우리를 강하게 성숙시켜주는
고마운 친구이기에

내 마음이 빨간 단풍으로 익어갈 때
녹내장도 우리네 내일에 녹아 스며들어
우리와 하나로 어우러지리라

공통점

물리학자 아인슈타인 – 4세 때까지 말을 못했고
7세가 될 때까지 글을 읽을 줄 몰랐습니다.

작곡가 베토벤 – 그의 음악 선생님은 "베토벤은
음악 실력은 아주 절망적이야"라고 평가했습니다.

발명왕 에디슨 – 어렸을 때 그의 담임선생님에게서
"저능아로 학습능력이 부족한 아이"라는
핀잔을 듣고 학교에서 쫓겨났습니다.

디즈니랜드를 세운 월트 디즈니 – 한때 신문사에서
삽화를 그렸으나 '창의성'이 없다고 쫓겨났습니다.

성악가 카루소 – 음악 선생님으로부터 "네 목소리를 가지고는
절대로 성악가가 될 수 없어"라는 혹평을 받았습니다.

우리 – 녹내장으로 인해 삶에 의기소침해 있습니다.

세상을 빛낸 훌륭한 예술가나 과학자, 음악가들은
처음부터 그렇게 유능한 사람들이 아니었습니다.

그들은 그 단점을 극복하는 용기와
내일에 대한 희망이 있었습니다.

우리도 할 수 있습니다.
지금 시작하십시오.

내 아픔 아시는 당신에게

오늘 정모를 마치고
모두들 표현을 하지는 않지만
가슴 속 한편에는 마치 남대문이 불타 내려앉듯

무너져 내린 아픔이
고스란히 간직되어 있음을 느꼈다

무엇이 우릴 이토록
이 아픔을 아픔이 아니라 외면하며
한편에는 이렇듯 그 아픔의 조각들을
차곡차곡 쌓아 두어야 하는지
그저 답답하기만 하다

사람들은 모른다.
그저 눈에 보이는 것만으로
판단하며 단정 짓지만
우린 두 얼굴로 살고 있는지도 모른다.

웃고 있지만
우린 결코 맘 편히 웃은 적이 없다

언제나 주머니엔
넣다만 안약 병을 만지작거리며
무언가 빠트린 듯 가끔 뒤를 돌아보곤 한다.

차라리 모든 걸 다 던져버리고
맘 편히 술 한 잔 하고픈 마음에
힘겹게 잡은 줄을 놓아 버리고 싶을 때도 있다

하지만
내 뒤에는 나를 바라보는 눈망울들
내가 던져버리면 그들은 어떻게 하나

병원 대기실에 앉아
어쩔 줄 몰라 하는 같은 환우들을 볼 때면
가슴이 무너져 내리는 것 같다

와락 껴안고
같이 울고 싶을 때도 있다

그러나
그 누구도 그 사람의 아픔을
대신해줄 수는 없다

우린 우리의 이 아픔을
고스란히 자신의 방 속에 간직해야 하는
그런 운명으로 태어난 것
운명을 거스를 순 없다

같은 한 핏줄로 태어난 가족인들
이 아픔을 알까

평생을 부부로 살아온
우리네 아내와 남편인들 이 아픔을 알까

보기엔 멀쩡한 눈이
점점 시신경이 죽어가고 있다는 걸
저들은 과연 진정으로 느낄 수 있을까

녹내장은 외로운 병이다

그 누구도
이 아픔과 두려움을 정확히 알지는 못한다.

우린 서로를 안다
그 사람이 얼마나 불안하고 절망적이며
얼마나 피 끓듯 아파하고 있는지
그래서 더욱 이 '녹진사'를 떠나지 못한다.

누군가 안압이 떨어지지 않는다면
종일 마음이 편치 않다

몰래 하고 싶은 말 방에
절망적인 글이 올라올 때면
그를 붙잡고 하소연하고 싶다
왜 바보같이 그렇게 쉽게 무너지느냐고.

우린 가야 한다.
녹내장이든 다른 질병이든
그건 중요하지 않다

인생에 단 한번 주어진 삶이기에
우린 최선을 다해
이겨나가야 할 책임이 있기 때문이다

녹내장은 우릴 결코 이길 수 없다
그러기엔 우린 너무도 강하기 때문이다

오늘은
조하문의 '내 아픔 아시는 당신께' 라는 노래를
넋 잃은 사람처럼 혼자 흥얼거려본다

그날

아름다운 건 언제나 그렇듯
늘 그렇게 일찍 떠나버린다
그러기에 아름다운 건지도 모르지만

그 아름다움을
사랑하며 함께 가야 할 많은 것들을
놓을 수밖에 없는 그날이 오고 있다면

그리고
그것을 받아들이기엔
아직 가야 할 길이 너무 많이 남았다면
난 오늘 무엇을 할 수 있을까.

헤쳐 나갈
분명한 길을 앞에 두고도
가끔은 뒤를 돌아본다

아직 해는 저물지 않았는데
벌써 어두워지고 있다는 걸
너무 일찍 깨달아버린 걸까

나의 그날은 언제일까
누우며 어두워질까
걸어가며 어두워질까

칠흑 같은 그 곳에서
과연 나는 이겨낼 수 있을까

그림자 길어지면
이미 해는 기울어지고 있다는 걸
왜 알아버린 걸까

길어야 80 인생
10년, 20년이 무슨 의미가 있기에
이토록 두려워하는가.

한 평생 살 것도 아닌
찬 길가에 던져진
빨간 부지깽이 같은 인생,

언제나 한번
가녀린 회한 없는 웃음 지어보려나

그냥 털어가며 가자
가다가다 그날이 오면
어느 낯선 길섶에 앉아
살아오며 만난 얼굴들 하나씩 떠올리며
그렇게 떠나자

구차한 발버둥에
사랑이란 허울만 벗겨지고
끝내는 그들마저 아파할 인연

가자
길게 드리워진 내 그림자 밟으며
그렇게 조금 일찍 가자.

눈물의 연주회

그저께 일입니다
교회에서 추수감사절 연주회를 하는데
한 남자의 바이올린 연주가 너무나 감미로웠습니다.

눈을 지그시 감고 연주에 심취한 연주자의 모습은
실로 장엄하기까지 했습니다.

한 곡이 끝나고
마이크에 대고 그는 말하였습니다.

백내장과 선천성 녹내장으로
두 눈의 시력을 잃고
오른쪽만 거의 불빛만 보이는 정도라고요

순간 주위는 조용해졌고
여기저기서 탄성이 들려왔습니다.
그리고 다음 연주가 이어졌습니다.

왠지 모를 눈물이 하염없이 흘렀습니다.
정말 이유 없는 눈물이었습니다.

아마도 그동안 꾹꾹 눌러 놓았던 설움이
한꺼번에 터져버린 것 같았습니다

그 분은 독일 유학 중 실명을 당해
몇 번이나 자살을 시도한
국내 유명한 대학교의 음악교수였습니다

저 또한 언젠가 제게 그런 날이 온다면
전 조용히 사라지리라 마음 한편으론
마지막 카드를 늘 숨겨두고 있었습니다.

자살을 기도한 그 심정.
전 압니다
아마 여러분들도 아실 거라 생각합니다.

그런 복잡한 상념이
그렇게 하염없는 눈물을 흘리게 한 것 같습니다

하지만
지금 이 순간만은
우린 최선을 다해야 합니다.

누구나 가슴 속엔
자신만의 비장한 카드 한 장쯤은 있습니다.

다만
그 카드를 영원히 꺼내지 않길
우리 모두가 주어진 환경에서 최선을 다해야겠습니다.

최선을 다하는 자에겐
힘들게 지나온 회상의 눈물은 있을지언정
앞으로 닥쳐올 회한의 눈물은 결코 없음을
우린 잘 알고 있습니다.

오늘 이 하루의 시간
우리가 살아 있음을 만끽하며
주어진 환경에서 최선을 다하는
아름다운 음률의 우리가 되었으면 합니다.

던져진 존재

TV 채널을 이리저리 돌리다
우연히 눈길 가는 방송이 있어 한참을 보았습니다.

암으로 투병하고 있는
어느 20대 여자 환자의 이야기였습니다.

암이 폐로 전이되어
차가운 것을 먹는 게 금지되어 있는데
어머니가 사위 몰래 아이스크림을 먹이다
사위에게 혼나는 장면이었습니다.

급기야 그 환자는 울음을 터뜨렸습니다.
아이스크림을 못 먹어서가 아니라
남들은 아무 것도 아닌 일에 겪는 아픔이었습니다.

20대
할 일도 많고, 하고픈 일도 많은 그 나이에 말입니다

어느 철학자는
인간은 '던져진 존재' 라고 하였습니다.

우리의 의지대로가 아닌
그냥 어떤 환경에 던져진 존재

맞는 말인지도 모릅니다.
우리가 원하지도, 요구하지도 않은 생명이었지만
또한 우리의 계획과 바람 속에 얻어진 환경도 아니지만
우린 주어진 운명이란 굴레 속을 벗어날 수 없습니다.

그 환자처럼 남들에겐 아무 것도 아닌 일을
우린 힘들게 이겨내야 할 수도 있습니다.

남들은 쉽게도 볼 수 있는 것들을
우린 갖은 안약으로 힘들게 보고 있는지도 모릅니다.

하지만
우린 그들에게 없는 것이 있습니다.

바로 우리 눈의 소중함과
우리가 볼 수 있음에 감사하는 마음입니다

만약 우리가 녹내장이란 아픔을 투과하지 못했다면
과연 지금처럼 세상을 더 아름답게
더 간절히 보기를 원하는 애틋한 마음을 가질 수 있었을까요.

팔을 잃은 사람은
사랑하는 이를 안고 싶어도 안을 수 없습니다.

말을 잃은 사람은
사랑하는 사람을 부를 수도 없습니다.

만약 그들에게 팔이 있고 말이 허락된다면
제일 먼저 무엇을 하기를 원할까요.

하지만 우린 아직
우리의 사랑하는 사람들을 볼 수 있습니다

아니, 우리의 의지에 따라
아주 오랫동안 그들을 볼 수도 있습니다.

눈을 잃지 않고도
그 애틋한 마음을 느낄 수 있는 지금

그 체험을 위해
자신을 희생한 우리네 시신경들에 감사해야 합니다.

그리고 남아있는 우리 시신경들에게
그들의 희생이 헛되지 않았음을 보여 주어야 합니다.

우린 그냥 던져진 존재가 아니라
던져진 그 곳에서
새로운 희망을 시작할 수 있는 용기 있는 사람들입니다

많든 적든
우리에게 남아있는 시신경들에게
조금도 부끄럽지 않은 우리들이 되었으면 합니다.

난蘭을 바라보며

방 한 곁에
난蘭이 있다
꽤 오랜 세월 함께 지낸 것 같다

하지만
난에는 깊은 조예는 없다

그냥 우연히
한 방을 같이 쓰고 있을 뿐

옛 선인들이
난을 왜 그토록 사랑했는지

이제 조금,
아주 조금은 알 것 같다

알려고 노력해서 얻은 게 아니라
어느 날 자연스럽게 깨달았다

곧게 뻗은 기상
그리고 시원한 곡선미
이제야 보인다.

세상은 그런가 보다
모두가 제 가치를 가지고 있지만
그걸 발견하는 눈은
우리에게 달려있는 것 같다

이 세상 어느 것 하나
목적 없이 만들어진 건 없다

다만
우리네 사람이 깨닫지 못할 뿐

녹내장
그 어두운 면 못지않게
그 나름의 존재이유 또한 있지 않을까

왜 우리에게 녹내장이 다가왔는지
그리고
그로 인해 우린 어떻게 달라지고 있는지
과연 잃은 것만이 있는 건지

이제는
난이 달라져 보인다.
자못 고귀한 품위마저 느껴진다.

세상은
아는 만큼만 보인다.

눈으로 보는 시야보다
어쩌면 마음의 시야가
더 소중할지도 모른다.

아마 녹내장은
눈으로 보는 시야를 좁힌 만큼
마음의 시야를 더 넓게 만들었나 보다

이 가을
난을 바라보듯
나를 다시 한 번 돌아보는
소중한 시간을 가져봐야겠다.

맛있는 사과, 맛없는 사과

우리가 뭔가를 먹을 때
먼저 맛있는 것부터 먹는지
아니면
맛있는 걸 제일 나중에 먹는지
생각해보지 않는다.

어떤 사람은
많은 사과 중에 제일 나쁜 사과부터 먹는다.
그리고 그 다음은
조금 덜 나쁜 사과를

반면 어떤 사람은
다 좋지만 조금 덜 좋은 사과부터 먹는다.
그 다음은 그보다 조금 더 좋은 사과를.

똑같은 사과이지만
먹는 사람의 마음은 다르다

처음 사람은
모두 다 나쁜 사과를 먹는다.

그러나
나중 사람은
모두 맛있는 좋은 사과를 먹게 된다.

내가 지금 겪는 이 질환은
숱한 어두운 질환 중에
조금 덜 좋은 질환에 불과하다

내가 지금 처한 어려운 환경은
나쁜 환경이 아니라
조금 덜 좋은 환경일 뿐이다

깊은 산 속에 있으면
밤하늘 별들이 마치 쏟아져 내릴 만큼
많이 보인다.

같은 하늘 아래지만
도심의 밝은 불빛은 그렇지 않다

도심의 밝은 불빛이
별빛을 삼켜버리기 때문이다

내 인생에 어두운 그림자가 다가올 땐
그땐,
그만큼 아름다운 별빛도 함께 볼 수 있는
멋진 기회도 함께 다가온다.

세상은 절대적인 행복도
절대적인 불행도 없다

행복은 만들어지는 게 아니라
내가 만드는 것이기에

오늘 하루도
내 손 안에 있는 이 하루라는 사과를
나쁜 사과로 먹을 건지
아니면 좋은 사과로 먹을지는
우리의 마음먹기에 따라 달라진다.

비록
힘들고 막막한 하루라 하더라도
우린 맛있게 하루를 시작해야 한다

맛있는 사과에만 벌레가 찾아온답니다

내가 봉사하는 곳에
혜원이라는 아이가 있다
이제 겨우 3살

뇌성마비에 앞을 보지 못한다.
부모가 아예 호적에
사망신고까지 해서 버린 아이

지금은 원장님의 아이로
입적을 했다고 한다.

혜원이만이 가지는
해맑은 웃음
난 그 웃음을 사랑한다.

까르르 웃는 그 웃음은
천사의 웃음이다

혜원이의 엇갈린 사시를 통해
아름다운 세상을 본다.

세상은 공평하다
하나가 모자라면
반드시 그 모자람을 보충하는
그 무엇이 있다

다만
우린 그 모자람만 보기에
그 선물을 발견하지 못할 뿐이다
혜원아
너의 아픔으로 인해
우리가 사랑의 끝없음을 안다면

너와 난
이미 축복받은 존재

맛있는 사과에만
벌레가 찾아오는 법

당도와 향기를
한껏 머금고 있는 혜원이

넌
참 아름다운 아이다

새벽이 아름다운 이유

우리가 가야 할 길은
분명 좋은 길은 아니다

때론
길이 아닌 곳도 지나야할지도 모른다.
그러나 돌아갈 수는 없는 길

때론 시작점에서
때론 젊음의 정점에서
그냥 넋 놓고 주저앉고 싶은 길

어둡다
앞이 안 보일 정도로 어둡다

내가 해야 할 일보다
닥쳐올 일들이
먼저 나를 무기력하게 만들곤 한다.

그러나
한 가지 분명한 건

하루 중 가장 어두운 때는
밝은 태양이 떠오르기
바로 직전이라는 것

이 칠흑 같은 어둠이 있기에
눈부신 아침 해가 떠오를 수 있다

지금의
이 아픔들이
이 고통들이

언젠가는
지나온 인생의 베틀에서
가장 아름다운 색상으로
가장 고귀한 빛깔로

눈물 한 방울 한 방울들이
진주가 되고 보석이 되어
아름다이 장식되어 있음을 그려본다.

하루의 셈은
해질녘에 하는 법

우린 아직 길길이 먼
정오의 언덕에 있다

셈하는 날

우리의 이 수고도
이 아픔도

아름다움으로 함께 셈할 수 있는
그날이 되리라

아픔 뒤의 편안함과 편안함 뒤의 아픔

초등학교 시절
책받침에 쓰여 있던 글귀를
이제야 깨닫고 있다

'인내는 쓰다
그러나 그 열매는 달다.'

세상의 일에는
두 종류가 있나보다

아픔으로 시작하는 일과
편안함으로 시작하는 일

그러나
그 일의 끝은 항상 처음과는
반대로 귀결되는 것 같다

아픔으로 시작되는 일은
편안하고 행복한 결말을 맺지만

편안함으로 시작되는 일은
아픔으로 끝나는 일이 많은가 보다

우리의 시작은
분명 아픔이었다.

죽어가는 시신경을 부여잡고
날마다 미래를 도려내는
처절한 아픔

하지만 난 믿는다.
내가 살아온 삶의 법칙에 의하면
이 아픔은 반드시
편안한 행복으로 귀결된다는 것을

오늘이 아프고
다가올 내일이 아프다

하지만
우린 이 아픔의 다디단 열매를
믿어야만 한다.

마치 아침이면
반드시 해가 뜨는 걸 믿듯

우리는 살아야 한다

사람은 누구나 소원하며 산다.
설령 그 소원이 이루어질 수 없다 하더라도
누구에게나 더 나은 내일에 대한
희망을 저버릴 수는 없다

그 소망이 어느새
빛바랜 지난 달력이 되어버린다는 사실에도
우린 이미 익숙해져 있다.

하지만 우린 소원한다.
때론 허구에 가까운 기대일지라도
우린 조그만 가능성의 문을 결코 닫지 못한다.

그게 우리 인간의 위대함 아닐까
도저히 이룰 수 없는 현실 속에서
불가능할 것 같은 상황을 그리며 기대하는 것
그러기에 역사는 쓰이는지도 모른다.

우리가 할 수 없는 것은
또는 불가능이라 포기하는 것은
그 1% 가능성의 문을
스스로 닫았기 때문일지도 모른다.

세상은
내가 원하는 만큼 내어 놓는다

세상은
내가 하고자 하는 만큼 기회를 준다.

내가 서면 세상도 서고
내가 뛰면 세상도 뛴다.

오늘
48번째의 생일을 맞으며
긴 시간은 아니지만 그동안 살아온 내 삶의 지론이다

그렇다.
세상은 되는 일보다 되지 않은 일이 훨씬 더 많다

하지만
우리가 아무 것도 하지 않을 때는
세상에 되는 일은 아무 것도 없다

뛰자
호흡이 살아있는 그 순간까지
뛰고 또 뛸 때
세상은 내가 부르짖는 모든 걸 내어놓으리라

녹내장은 핑계가 되지 않는다.
헬렌 켈러를 생각해야 한다.
베토벤을 생각해야 한다.

도무지 불가능할 것 같은 그들이 하였다면
우리도 할 수 있다

지금의 아픔으로 뛸 수가 없다면
기어서라도 우린 가야 한다

좌절과 실망과 포기는
패배자의 한숨일 뿐이다

내가 살아 있다는 것은
내가 해야 될 일이 있다는 것이다

세상은 그저 살려 두는 법은 없다
모든 만물이 그 존재의 의미를 다하고 있지 않은가

스스로가 나의 존재목적을 삼켜버린다면
난 이미 숨 쉬는 시체일 뿐이다.

비록 똑같은 일상의 반복이지만
평범의 고마움을 다시 한 번 감사하며
내 존재의 역할에 충실해야겠다.

우리의 그날은 언제일까

잠시 책상 앞에 앉아
커피 한잔의 여유로움을 가지고
아침회의를 하러 간다

늘 반복되는 일상.
하지만
늘 같은 하루는 아니다

오늘 아침은
가슴이 착잡하다.

우리 회사 주주 한 분이
암으로 수술을 받았지만
너무 많이 전이가 되어
그냥 닫았다고 한다.

그럼
이제 남은 건 그냥 기다리는 것
죽음을

물론
기적도 있다

하지만 우린 잘 알고 있다
이런 상황에선
기적보다 죽음이 더 가깝게 있다는 것을

창밖을 바라보며
한참을 생각 없이 숲을 응시하고 있다

우린 모두 다 그날을 생각하며 산다.
내 의지와 상관없이 시간은 흐르고
어김없이 그날은 다가오리라

암의 전이로 죽음을 선고 받은 그 분과
시간의 흐름에 죽음을 선고 받은 우리

조금 더 시간이 있다는 건
조금 더 살아 있음에 대한
회한을 씻기 위한 기회 아닐까

우린 언제나 푸르고 싶어 한다
가을에 떨어지는 붉은 낙엽조차도
새로이 태어날 푸름의 과정이기에
우린 낙엽을 보며 결코 슬퍼하지 않는다.

하지만 오늘은
문득,
죽음이란 단어 앞에서
나 자신을 돌아보게 한다.

나의 그날은 언제일까

장밋빛 인생

죽음이란
때론 삶의 가장 아름다운 한 장르로 표출되곤 한다.

살아 느끼지 못하는 삶의 진실을
죽음이란 단어 앞에
그 모든 걸 풀어 헤치게 되기 때문은 아닌지

어쩌면 한낱 여름 낮의
한숨 꿈에 불과한 부질없는 일들에
우린 삶의 모든 걸 쏟고 있는지 모른다.

절망의 암 세포도
우릴 옭아매는 시신경의 죽음도,

우린 다 감당하기에 너무도 모자란
조그만 단세포 생물에 불과한지도 모른다.

하지만

우리에게 남은 한 가닥 희망은
아직 살아있다는 것이다.

아직
사랑하는 사람을 볼 수 있고
사랑하는 사람을 부를 수 있는
생명이 남아있다는 건.

어쩌면 우리에게 마지막 남은
그들을 향한 기회인지도 모른다.

우린
이렇게 무너질 수는 없다

내가 살아 숨 쉬는 동안
사랑이란 명제 아래
우린 그들을 지키고 감싸고 함께해야 할
소중한 의무를 소홀히 할 수는 없는 까닭이다

우리 비록 힘들지만
지금 이 시간 내가 살아 있다는 기적만으로도
내일을 소망할 수 있는 특권을 누려야 한다.

이 아픔은
우리네 상처 사이로 깊숙이 파고들지만
우리네 삶의 애절한 소망은
하늘을 향해 솟아오른다.

녹내장
암의 고통 속에 내일을 기약할 수 없는 그들에겐
어쩌면 사치일지도 모른다.

내일 아침 해가 떠오르면
지금의 이 패배감, 좌절감 다 떨쳐버리고

녹내장 모르던 그 시절로
다시 힘차게 날아올라
그날을 기약해 보자

난
그러고 싶다

내일은 내일의 태양이 뜬다 했는가.
우리의 태양
그건 우리의 좌절하지 않는
의지의 불꽃이다

장발머리 청년아

정말 무식하게 각목으로 두들겨 맞았던 고교시절
언제나 머리 한복판은
흔히 말하는 바리캉으로 고속도로가 나 있었고
야전이라 불리던 야외전축 하나만 있으면
어디든 고고장이 되었던 시절

학생들은 금지되었던 다방에
빵모자 쓰고 들어가 어른 흉내 내었던 그 시절

조폭도 아닌데 의리를 목숨처럼 여겼던
그때 그 빡빡머리 친구들은 다 어디로 갔는지

대학등록금 30만 원, 하숙비 5만 원
일주일에 한 번씩 하숙집을 조사하던 형사들

영원할 것 같던 박정희 대통령이 죽고
다음날 학교 앞에는 장갑차 두 대가 버티고 서있다

생각하면 아직도 눈이 따가운 최루탄
학교 근처 철도길 자갈을 퍼다 전경들과 투석전 벌이던
암울했던 대학시절

학생들 서너 명만 모여 있으면
어느새 나타난 형사들이 잡아가기 일쑤이고

백골단에 쫓겨 하숙집 골목길로 숨어들면
골목지리를 잘 모르던 백골단은 지랄탄이라는
최루탄을 까 던진다.

지랄탄은 혼자 이리 뛰고 저리 뛰며
그 독한 최루가스를 퍼뜨린다.

강의가 비는 시간은
어김없이 잔디밭에서 포커 판을 벌이고

학교 앞 막걸리 집은 마치 모두가 철학과 학생들인 양
인생에 대해, 사랑에 대해 열띤 토론에 밤 깊은 줄 모르다
통행금지 사이렌이 울리고서야 각자 하숙집으로
숨바꼭질하듯 방범대원들을 피해 돌아간다.

물 빠진 교련복에 기다란 T자를 어깨에 걸치고
학교 정문을 들어서던 장발머리 앳된 청년이 보인다.

처음 쌀 막걸리가 나오고
학교 잔디밭에서 통기타와 더불어
즉석에서 막걸리 파티가 벌어진다.

가끔 졸업앨범을 펼쳐본다
어깨까지 내려오는 장발의 나를 본다.

무엇이든 자신 넘쳤던 내 어린 장발머리 청년
그가 20년 전 무너졌다

30대 초반
승승장구하며 젊은 나이에 임원이 되었던 그는
녹내장의 아픔에 힘없이 무너져 내렸다

이미 너무 늦었던 때에 발견한 녹내장
그때는 도와줄 그 누구도 없었다.
그저 혼자 가족조차 말할 수 없는
깊디깊은 수렁에서 헤매었다

오만했던 지난날도 반성하며
왜 하필 나이냐며 반항도 해보며
그렇게 발버둥 치던 날도 이제는 정겨워진다

참 많이 울고, 참 많이 아파했다
비만 오면 미친 듯이 강가를 찾아
혼자 멍하니 정말 멍하니 그렇게 한참을 있었다.

누구에게 말한들 그들이 알까
가족인들 위로는 할지언정 진정 내 마음을 이해할까

이제 어느새 흰머리 희끗한
중년을 훌쩍 넘은 장발머리 청년

기쁨도, 아픔도, 슬픔도
모두 한 도시락에 들어 있는 인생이라는 걸
이제는 안다

어찌 인생을 골라 먹을 수 있겠는가
때론 슬픔도
때론 기쁨도

다 먹어야 그 곳에 갈 수 있음을
이제는 안다

나의 사랑하는 청년아
가자
그냥 계산하지 말고
훌훌 털며 그렇게 가자